영성,

오늘에게 묻는다

영성, 오늘에게 묻는다

2024년 12월 30일 처음 찍음

지 은 이 | 조은하
펴 낸 이 | 김영호
펴 낸 곳 | 도서출판 동연
등   록 | 제1-1383호(1992. 6. 12.)
주   소 | (우 03962) 서울시 마포구 월드컵로 163-3
전   화 | (02) 335-2630
팩   스 | (02) 335-2640
이 메 일 | yh4321@gmail.com
인스타그램 | instagram.com/dongyeon_press

ISBN 978-89-6447-083-1 03230

영성,
오늘에게
묻는다

조은하 지음

동연

추천의 글

절망하여 이제 모든 것을 포기하고 싶다는 그대에게, 이 글은 희망을 붙들라고 잔잔히 전합니다. 불행하다고 고개를 떨구는 그대에게, 행복이 결코 멀리 있지 않다고 다정히 일러줍니다.

이 시대에 아직도 영성을 말하느냐며 조롱하는 이들에게, 조용히 예수를 가리키는 이 글을 권하고 싶습니다. 폭력이 난무하는 세상의 아픔에 공감하며, 외로움에 지친 그대에게 다가와 '함께 걷자'고 손을 내미는 이 책, 『영성, 오늘에게 말하다』를 추천합니다.

_ 김도일(장로회신학대학교 명예교수, 기독교교육학)

조은하 교수님께서 삶의 모든 순간에 귀 기울이며 일상의 우물에서 길어 올린 맑은 샘물 같은 이야기들을 한 권의 책으로 엮어 내심을 진심으로 축하드립니다.

이 책은 우리에게 때로는 지루하고 무의미하게 보이는 일상이 사실은 충만한 의미로 가득 차 있음을 깨닫게 해 줍니다. 삶이 우리에게 끊임없이 말을 걸고 있음을 들을 줄 아는 섬세한 시선과 깊은 성찰이 담긴 소중한 책이기에, 많은 이에게 따뜻한 울림과 공감을 선사할 것입니다.

_ 한국일(장로회신학대학교 은퇴교수, 선교학)

종교의 중심에는 사랑이 있고, 교육의 시선에는 희망이 있습니다. 저자는 교육적 희망을 통해 종교의 아름다움을 말하고, 종교적 품위를 통해 교육의 빛을 보여줍니다. 우아함이 들리는 저자의 글에서 위로 받을 것이고, 꽃처럼 피어나는 감동에 영혼이 시원해질 것입니다.

_ 이호선(숭실사이버대학교 교수)

조은하 교수님은 학자로서 널리 알려진 분이지만, 우리 교회에서는 핑크색 고무장갑을 끼고 다른 집사님, 권사님들과 함께 까르르 웃으며 식당 봉사를 하는 모습이 더없이 친숙합니다. 신학교 교수로서의 사명만큼이나 개체 교회의 일원으로서 신앙을 겸손히 실천하는 분이기에, 그분의 삶은 학문과 신앙이 조화롭게 어우러진 따뜻한 울림을 줍니다.

하루하루의 평범한 일상과 작은 만남들을 소중히 여기며, 깊은 독서와 사색을 더해 정성껏 풀어낸 이야기들이 이 책에 담겼습니다. 친근하고 따뜻하면서도, 때로는 묵직한 울림으로 우리의 삶을 돌아보게 하는, 곁에 두고 오래 읽고 싶은 책입니다.

_ 황성수(한사랑교회 담임목사)

머리말

　삶은 수많은 이야기로 엮인 여정입니다. 그 여정 속에서 우리는 기쁨과 슬픔, 희망과 절망, 사랑과 배신, 믿음과 좌절을 경험하며 성장해 갑니다. 매일 새로운 갈림길에서 선택하며 살아가야 하는 우리의 삶은 특히 문명 전환의 시대에 이르러 사회, 경제, 정치 전반에 걸친 급격한 변화를 직면하고 있습니다. 비록 24시간 연결된 디지털 시대를 살아가지만, 정작 인간의 온기를 느끼는 소통과 공감은 점점 더 어려워지는 현실입니다. 이러한 시대에, 품격 있는 삶을 살아가기 위해 우리가 걸어야 할 길에 대한 단상들을 나누고자 이 글을 쓰게 되었습니다.

　일상의 소소한 이야기에서부터 우리 사회의 이웃 이야기 그리고 우리가 풀어가야 할 사회적 문제들에 대한 질문을 담았습니다. 또한 신앙의 여정 안에서 이러한 주제들을 대화로 이어가며, 그리스도인으로 살아가는 삶의 자리에서 하나님께서 주시는 은혜와 사랑, 용기와 격려 가운데 신앙인이 걸어야 할 길을 발견하기를 소망합니다. 이웃과 동행하며 나누는 순간들이 결국 길이 되고, 희망이 되며, 새로운 시작이 될 것이라 믿습니다. 이 책이 그러한 여정에 작은 등불이 되어 독자 여러분의 삶에 따뜻함과 빛을 더할 수 있기를 바랍니다.

이 글들은 그동안 「주간 기독교」를 비롯한 다양한 기독교 잡지와 신문에 기고했던 글을 한곳에 모은 것입니다. 이 책이 세상에 나오기까지 많은 분의 도움이 있었습니다. 동연출판사의 김영호 대표님께서는 언제나 든든한 후원자로서 깊은 관심을 가지고 이 책의 완성을 이끌어 주셨습니다. 그 귀한 도움에 진심으로 감사드립니다.

또한 늘 아낌없는 사랑으로 지지하고 격려해 준 가족들에게 깊은 고마움을 전합니다. 특히 이 글을 준비하는 과정에서 사랑하는 두 딸과 사위를 많이 생각했습니다. 이들이 살아갈 세상이 지금보다 더 아름답고 활기차며, 평화롭고 정의로운 세상이 되기를 바라는 간절한 마음이 이 글의 방향을 결정짓는 나침반이었습니다.

마지막으로 이 책을 읽으실 모든 분에게 이 글이 삶의 작은 영감이나 지혜가 되기를 바랍니다. 하나님의 은총이 가득한 여정을 여러분과 함께 걸을 수 있기를 진심으로 소망합니다.

2024년 12월

새로운 시대, 여명의 길에서

조은하

차례

1장
그리스도 만으로
(Sola Cristus)

2장
불편한 진실, 진실한 불편

3장
나는 은하수로 지어졌네

1장

그리스도 만으로
(Sola Cristus)

그리스도만으로
(*Sola Cristus*)

하와이의 나환자 섬인 몰로카섬에서 일생을 보낸 성자 다미안은 '섬김의 삶'을 통하여 많은 나환자에게 희망을 안겨 주었습니다.

젊은 청년 다미안이 나환자 섬인 몰로카섬에서 복음을 전할 때 그 누구도 그가 전하는 복음에 귀 기울이지 않았습니다.

"당신이 우리의 삶을 어떻게 안다고?"
"당신은 잠깐 들렀다 가는 이방인일 뿐이야."

냉랭한 눈초리뿐이었습니다.

다미안은 하나님께 간절히 기도합니다.

"하나님 저를 이 사람들과 똑같이 만들어 주십시오. 그
래야 이 사람들과 말이 통할 것 같습니다."

하나님은 그의 기도에 응답하셨고 그의 몸에는 나병
이 발생하기 시작했습니다. 그리고 많은 나병환자에게
희망의 복음을 전하여 그리스도 앞으로 인도합니다.

홍안의 젊은 청년 다미안의 모습은 전혀 찾아볼 수
없는 나병환자 다미안이 전도와 헌신의 삶을 마감하는
순간 그의 기도는 이러하였습니다.

"오! 하나님, 저에게 행복한 삶을 주신 것을 감사합니다."

하나님이 우리 인간에게 주신 가장 큰 사랑의 선물
은 예수 그리스도입니다. 예수 그리스도는 하나님의 아
들이었으나 철저히 인간의 몸으로 살아갔습니다. 그 시

대의 사람들이 그러했던 것처럼 6, 7세가 되어서는 벧하쉐퍼(초등학교)를 다니면서 교육을 받았고, 아버지를 따라 밭에 나가 씨를 뿌렸습니다. 들판의 양들을 돌보면서 다윗이 그러했던 것처럼 물맷돌 연습도 열심히 하였을 것입니다. 그래서 예수님은 곡식이 자라는 자연의 신비를 알았습니다. 어린 양 한 마리에 온갖 정신을 쏟는 목자의 마음도 그렇게 배운 것입니다. 이것이 바로 '공감' 능력입니다. 나와 다른 이의 입장에 서서 그 마음을 헤아릴 수 있는 능력입니다.

'공감'의 방법으로 하나님은 인간과 소통하고자 하였습니다. 하나님이 인간의 자리에 서는 것으로 소통은 시작되었던 것입니다. 그 자리에 생명이 싹트기 시작하고, 평화가 임하기 시작한 것입니다. 성자 다미안이 많은 사람을 생명의 자리에 인도한 것도 바로 '공감'에서 시작되었습니다. 함께 아프고, 함께 고통스럽고, 함께 기뻐할 때 복음은 꽃을 피우기 시작했습니다.

새로운 한 해를 시작하면서 우리의 여정 맨 앞자리에 예수 그리스도를 모시고 살고자 하는 바람들이 있을 것입니다. '그리스도만으로' 구원을 받았다는 고백은 '그리스도'가 가신 길을 오롯이 따르겠다는 고백입니다. 그 첫걸음은 무엇일까요? 우선은 예수님의 마음을 깊이 생각하는 묵상의 삶입니다. '예수님은 무엇을 기뻐하실까? 무엇에 분노하실까? 지금 이곳에 계신다면 누구에게 말을 거실까?' 공감해 보는 것입니다. 그다음은 우리 여정의 나침반이 나오지 않겠습니까?

> "내가 주릴 때에 너희가 먹을 것을 주었고, 목마를 때에 마실 것을 주었고, 나그네 되었을 때에 영접하였고, 헐벗을 때에 옷을 입혔고, 병들었을 때에 돌보았고, 옥에 갇혔을 때에 와서 보았느니라. … 지극히 작은 자 하나에게 한 것이 곧 내게 한 것이니라"(마 25:35-40).

그리스도만으로 사는 삶. 그것은 오늘 우리 안의 작은 자와 공감하는 것입니다. 그리스도가 하신 것처럼 또 그리스도에게 하는 것처럼 그 삶을 같이 살아내는 것에 그 첫걸음이 있는 것입니다.

나의 영혼이 따라올 때까지

세월이 흐를수록 시간은 더욱 빨리 흐릅니다.

마치 러닝머신 위에 올라타 있는 것처럼 하루하루가 바쁘고 분주하게 흘러갑니다.

이때 인디언들의 삶에 관한 한 이야기가 생각납니다.

인디언들이 말을 달리던 중, 한 인디언이 별안간 말의 고삐를 당기며 말을 세웠습니다.

그러자 뒤늦게 자신의 동료가 따라오지 않고 있음을 안 인디언이 그 동료에게로 돌아왔습니다.

먼저 말을 세운 인디언은 말에서 내린 후 풀밭에 앉

아 있었고 달리던 말은 조용히 풀을 뜯으며 쉬고 있었습니다.

동료를 찾아 돌아온 인디언이 이 광경을 보며 물었습니다.

"왜 갑자기 말을 세웠나?"
"음! 내 영혼이 따라올 때까지 잠시 기다리는 중이네."

너무 빨리 달려 자신의 영혼이 쫓아오지 못할까 봐 기다리는 인디언의 모습은 우리에게 많은 생각을 하게 합니다.

속도와 경쟁, 소유와 능력, 물질과 자본과 같은 것이 우선시되면서 배려와 연민, 나눔과 헌신, 따뜻한 마음과 공동체와 같은 가치들은 자꾸만 변두리로 밀려나고 있습니다.

밤마다 머리 위로 떨어지는 폭탄 속에서 떨고 있을 겁먹은 어린이의 그 눈동자는 한 벌에 천만 원이 넘는 옷을 한 번 입고 버리는 어느 드라마 속의 고등학생들에

그냥 묻혀 버립니다.

하루에 단돈 천 원으로 끼니를 때우고 은행 자동인출기 박스 앞에서 추위를 이겨가고 있는 한 소녀의 이야기는 내 집이 얼마짜리 집인지, 오늘은 얼마나 오르고 내렸는지에 멈추어져 있는 시선 앞에, 지는 노을과 같이 잊히고 맙니다.

예일대 심리학과 교수직을 과감히 그만두고 페루의 빈민가에서 가난한 이들과 생을 함께 했던 헨리 나우웬은 제네시 트라피스트수도원에서 보낸 일들을 적은『제네시의 일기』에서 자신의 고민을 이야기합니다.

삶의 의미와 가치를 되돌아보기 위해 선택한 시간 속에서도 자신은 여전히 바깥에 있는 사람들이 자신에게 관심 갖고 있기를 바라며 우편함을 뒤적인다는 것입니다.

다른 친구들이 나의 생각을 해줄까 하고 궁금해하고 있다는 것입니다.

또한 수도원장의 각별한 관심의 대상이 되고 싶어 하는 욕망을 떨쳐버리지 못하고 있는 자신을 발견했다는 것입니다.

몸은 수도원에 들어와 있지만 여전히 자신의 마음속은 하나님이 거하실 조그마한 자리조차 내어드리지 못하고 있었다는 것을 고백합니다.

헨리 나우웬의 고백처럼 우리는 열심히 달려가고 있지만 어쩌면 우리의 영혼은 저기 먼발치에서 허덕이고 있는지도 모르겠습니다.

일상을 살아가면서 우린 한 걸음 물러서서 나를 바라볼 시간을 가질 필요가 있습니다.

마치 장기판에서 훈수를 두는 사람이 판의 흐름을 더 잘 파악하는 것처럼, 때론 나의 일상에서 한 걸음 물러서서 우리의 삶을 관조할 때 비로소 내가 보입니다. 나의 이웃이 보입니다. 그리고 내 삶의 영혼이 보이는 것입니다.

고독과 자유
(Einsamkeit und Freiheit)

　　이른 아침 수업이 있는 하루. 동이 터오는 즈음 학교에 출근합니다.

　　학교 뒤편의 산에서는 아침 안개가 피어오르고, 차갑고 상쾌한 공기가 가슴 깊이 스며듭니다. 그리고 연세대학교를 다니던 그 시절의 기억들이 아련하게 떠오르곤 합니다.

　　대학에 입학하면서 여기저기 동아리 활동을 했습니다. '아가페'라는 기독교 동아리에서 다른 학과 선배, 동료들과의 만남도 있었고, 신과대학 편집부, 여성신학회 활동도 했었습니다. 그중 가장 기억에 남는 만남은 '독일어 성경 읽기'였습니다. 몇몇 선배들과 일주일에 한 번, 아침 7시 30분에 모여 독일어 성경을 읽는 모임이었습니다.

대학에 입학하면서 경험해야만 했던 참으로 많은 혼돈과 방황이 있었습니다. 기존의 신앙적 정체성에 도전하는 새로운 신학적 앎의 문제들. "가방을 왼쪽으로 매면 좌경이요, 오른쪽으로 매면 우경이다"라는 유머가 있을 정도로 첨예하게 대립하고 있었던 사회적 인식과 태도들. 현실과 이상 사이의 머나먼 공백들. 이러한 문제들 속에서 마치 안개 속을 걷는 것과 같은 시간을 보내야 했습니다.

그때 독일어 성경을 읽으면서 선배가 들려준 한마디는 아직도 제 가슴속에 선명하게 남아 있습니다.

"철저하게 고독해라. 그리고 자유로워져라"(Einsamkeit und Freiheit).

삶의 변두리에서 배회하지 말고, 철저하게 고독하리만큼 당면한 문제에 혼자 서라는 것이었습니다. 밤새 고민하고 동이 터오는 새벽을 바라보며, 어둠의 터널을 뚫고 오는 빛 속에서 자유함을 배우라는 것이었습니다.

이따금 이른 아침에 아펜젤러홀 문을 두드리고 들어가곤 했습니다. 아무도 오지 않은 시간, 새 아침이 주는 신선한 공기와 아펜젤러홀의 역사가 날아다 주는 쿰쿰한 냄새의 묘한 조화. 그곳에서 어제와 오늘, 현실과 이상, 앎과 삶의 문제들을 치열하게 고민했던 시간은 다양성과 차이 속에서 나 자신을 찾아 나갈 수 있는 소중한 시간이었습니다. "흔들리지 않고 피는 꽃이 어디 있으랴"는 어느 시인의 시구절처럼 흔들려가면서 꽃을 피울 준비를 하는 시간이었던 것입니다. 그러한 시간 속에서 연세 신학의 에큐메니칼 정신과 여러 교수님의 가르침, 선후배들과의 만남은 비옥한 토양이 되어 주었습니다.

결국 우리는 사람 때문에 상처받고 고통당하기도 하지만, 사람 덕분에 위로받고 회복되기도 합니다.

"철이 철을 날카롭게 하는 것 같이 사람이 그의 친구의 얼굴을 빛나게 하느니라."

잠언 27장의 말씀처럼 사랑도 배신도, 우정과 모멸도 결국은 철이 철을 날카롭게 하듯 우리를 성장시켰습니다. 관계의 빛과 그림자 안에서 빛에 조금 더 눈길을 주면 그만큼 우리의 얼굴도 빛날 수 있을 것입니다.

예수의 마음속에 있는 사람들

    그곳은 분명 교회였습니다. 그런데 150여 개의 덩치 큰 항아리가 줄을 지어 있었습니다. 어둠 속에서 마당에 깔린 자갈들을 밟아가며 들어간 곳은 식당이었습니다. 부지런히 음식이 만들어지면서 퍼지는 고소한 냄새가 제일 먼저 반겨주었습니다. 교회의 한편에 식당을 만들어, 봄이면 직접 손으로 고추장과 된장을 담그고, 인공 조미료가 전혀 들어가지 않는 음식을 만들어 식당을 운영한다고 합니다. 독거노인들을 돕기 위한 자금을 마련하기 위해서랍니다. 동네 아이들을 모아 악기를 가르쳐 합주단을 만들고, 주중에는 독서 학교를 열어 책을 읽을 수 있도록 해 준다고 합니다. 교인 30여 명의 아름다운 신앙 공동체의 모습을 울산 선교교회에서 보고 왔습니다.

몇 해 전 대학에서 기독교 이해 관련 과목을 가르칠 때였습니다. '기독교 영성'에 관한 발표를 맡은 학생들이 다일공동체를 방문하고 온 소감을 발표하였습니다. 그 학생들은 전공도 다양하고 종교도 다양하였습니다. 그들은 다일공동체에 가서 눈물을 줄줄 흘리면서 양파를 까고, 손이 곱고 허리가 아플 정도로 설거지도 하였습니다. 하지만 그것은 힘들지 않았다고 합니다. 가장 힘들었던 것은 그곳에 식사하러 오신 분들과 함께 식사하는 그 순간이었다고 합니다.

그 순간, 바로 사랑이 무엇인지에 대해서 깨달았다고 합니다. 누군가를 위해서 시간을 내어 줄 수도 있고, 물질을 나누어 줄 수도 있습니다. 정작 그것보다 우선하는 소중한 것은 함께 마주 앉아 밥을 먹는 것이었습니다. 밥을 지어주는 것도 중요하지만, 함께 앉아 이야기를 나누면서 밥을 먹는 것이 더 소중하였습니다. 냄새나는 옷차림, 헝클어진 머리카락, 푸석한 손끝의 체온들을 같이 느끼면서요.

바로 사랑이란 '동행'이라는 것을 그때 깨달았던 것입니다.

헨리 나우웬은 심리학과 신학을 공부한 후 예일대학과 하버드대학 등지에서 가르쳤습니다. 그는 최고의 학자였고, 작가였으며, 강연가였습니다. 그러나 맘속에는 늘 두 가지가 충돌하고 있었습니다. 더 많이 칭찬받고 싶고, 인정받고 싶고, 오르막길을 향해 더 빨리 달리고 싶은 마음이었습니다. 그러나 자신의 풍요에 대한 죄책감, 하나님의 뜻에 대한 갈망 또한 늘 그를 잡아당겼습니다. 그는 1981년 페루 빈민가에서 민중과 삶을 보냅니다. 그리고 평생을 데이브레이크 정박아 시설에서 그들과 함께 하기로 결정합니다. "내 영혼의 선장인 예수님을 가까이하고 싶어서"라는 이야기로 모든 만류를 뿌리치지요. 1996년 세상을 떠난 그는 지금, 이 순간도 우리에게 질문하고 있습니다.

"무엇을 바라볼 것인가?", "누구와 함께 살 것인가?",

"인생의 선장이신 예수의 인도하심대로 가고 있는가?"
그의 기도입니다.

"사랑하는 하나님, 저를 주님의 마음속으로 더 깊이 끌
어들이실 때마다 깨닫는 사실이 하나 있습니다. 저처럼
주님께 친밀하게, 온전히 사랑받는 남녀들이 제 여정의
동반자라는 사실입니다. 주님의 긍휼 속에는 그들 모두
의 자리가 있습니다. 아무도 제외되지 않습니다. … 제
가 형제자매들을 사랑하는 모습을 통해 주님의 무한한
사랑이 드러나게 하소서. 아멘"

예수님이 찾아가신 사람들 그리고 눈길을 주었던 사
람들 그리고 같이 밥을 먹었던 사람들. 그들이 누구였던
가를 생각하게 하는 시절입니다.

잠시 손을 놓고 가는 길

"따뜻한 봄이 오면 하나님께 돌아가야지."

농담인 듯 진담인 듯 그렇게 말씀하시던 어머님.

말기 암으로 투병하시던 어머니는 입춘이 되던 날, 의식을 잃고 병원에 입원하시더니, 하얀 보름달이 온 세상을 비추던 다음 날, 하나님 품으로 가셨습니다.

보름 동안의 호스피스 병동에서의 생활은 가족 모두가 다가오는 작별의 시간을 준비하는 시간이었습니다. 그리고 죽음이라는 것이 얼마나 우리의 가까이에 존재하며 우리 모두가 가야 할 길인가를 확인하는 시간이었습니다.

영국의 사회학자 안토니 기든스는 『현대성과 자아정체성』에서 현대 사회의 특징을 "죽음의 과정과 격리된 사회"라고 설명합니다. 전통적인 사회에서는 가정과 마을에서 죽음을 맞이하고 장례의 절차들이 공동체 안에서 이루어지기 때문에 죽음을 늘 대면하고 사는 삶이었습니다. 그러나 현대 사회에서는 죽음의 모든 과정이 전문화되어 처리되기에 죽음에 대한 실존적인 경험과 성찰의 시간이 점점 사라지고 있다는 것이지요.

성경은 우리에게 이야기합니다.

"너는 흙이니 흙으로 돌아갈 것이니라."

존재론적으로 유한한 존재라는 것을 깨닫고 살라는 말씀입니다. 삶의 유한성을 인식하는 순간 사랑하는 능력을 가질 수 있습니다. 집착에서 자유로워질 수 있습니다. 잠시 머물며 가는 소풍 길인데 용서하지 못할 것이 무엇이며, 소풍 가방에 많은 것들을 넣고 가기 위해 아등바등할 것이 무엇이겠습니까?

오히려 하나님 안에서의 새로운 탄생을 위해 모든 것을 내려놓는 그러한 삶을 준비해야 할 것입니다. 영성가 헨리 나우웬은 죽음을 다음과 같은 비유로 이야기합니다.

어머니 배 속에 이란성 쌍둥이가 있습니다. 어머니의 호흡을 들으며, 따뜻한 뱃속에서 같이 손도 잡고, 발차기도 하고, 웃기도 하며 재미있게 열 달을 보냅니다. 어느날, 어머니 배 속이 조여 오는 느낌에 기분이 나쁘기도 하고 아프기도 합니다. 그러나 쌍둥이 여동생이 오빠에게 이야기합니다.

"오빠, 이제 우리가 여기보다 훨씬 더 아름다운 곳, 이제 엄마 얼굴을 직접 보게 될 곳으로 갈 준비를 하라는 표시인 것 같아. 오빠, 흥분되지 않아?"

양수가 터지고 태가 열리고 어둠의 통로를 지나 환한 빛이 비치는 곳에서 엄마와 포옹하기 위해서, 둘이 잡고 있던 손을 잠시 놓고 한 사람씩 세상으로 나옵니다.

마침내 엄마와 조우하기 위해서 말입니다.

이렇듯 우리 모두는 동일하게 죽음을 앞에 놓고 살아가는 사람들입니다. 하지만 죽음이란 우리 하나님의 얼굴을 맞대고 볼 수 있는 곳으로 데려다 주는 생애 가장 큰 선물입니다. 아름다운 죽음은 분리가 아니라 결속입니다. 그렇기에 비통함을 넘어서서 새로운 희망을 가질 수 있는 것입니다.

"너희는 마음에 근심하지 말라. 하나님을 믿으니 또 나를 믿으라.
내 아버지 집에 거할 곳이 많도다"(요 14:1).

끝을 생각하며 걷는다면

헨리 나우웬은 『희망의 씨앗』에서 인류가 할 수 있는 가장 큰 일은 "하나님이 계신다"라고 말하는 것이라고 이야기합니다. 즉, "하나님 기억"(*Memoria Dei*)이라는 것입니다. 하나님을 기억하며 산다는 것은 다음과 같은 삶의 방식을 의미합니다.

첫째, 내 존재의 중심이 더 이상 내가 아니라는 것을 기억하고 인식하는 것입니다. 하나님에 대한 지식의 본질은 나 자신이 완전히 그분의 소유라는 것을 인식하는 것이지요. 둘째, 하나님의 사랑을 경험하면 인간의 삶의 가장 큰 본질과 축복은 "모두가 끝이 있다"는 것을 받아들일 수 있다는 것입니다. '죽음'이야말로 존재의 완성임을 자각하게 된다는 것입니다. 셋째, 하나님이 나를 사랑하셨기 때문에 전적으로 자기 자신과 이웃을 사랑하는 삶을 살 수 있는 용기와 선택을 할 수 있게 되는 것입니다.

영성가 요한 크리스토프 아돌프가 그의 저서 『두려움 너머로』에서 이야기하는 것처럼 현대인의 역사는 죽음을 없애고자 하는 역사입니다. 의학을 발달시키고, 유전자를 복제하고, 수단 방법을 가리지 않고 죽음을 피해 가고자 한다는 것이지요. 그리고 끊임없이 힘을 추구합니다. 죽음을 극복하고 멀리할 수 있는 힘을 말입니다. 그러나 죽음은 우리의 필연적 과제입니다. 그리하여 죽음을 멀리하는 기술에 관심을 가지는 것에서 어떻게 죽을 것인가 하는 죽음의 방법에 관심을 가져야 하는 것입니다. 즉, 모든 것에 끝이 있음을 늘 염두에 두고 살아야 한다는 것이지요.

오늘 바라보는 햇살이 다시는 오지 않을 햇살임을

생각한다면 어찌 그 햇살을 즐기지 않을 수 있을까요? 지금 내가 만나고 사랑하는 사람이 언젠가는 헤어져야 할 사람이라고 생각한다면 "사랑한다"는 그 말을 어찌 미룰 수 있을까요? 내가 지금 가지고 있는 것들을 언젠가는 다 놓고 가야 한다고 생각하면 무엇 때문에 그리 많이 가지려고 아등바등할까요? 그렇기에 죽음을 염두에 두고 산다는 것은 오늘의 삶의 축복입니다.

예수님의 죽음과 부활을 깊이 묵상하는 사순절 기간입니다. 사순절은 인간이 흙으로 왔으니 흙으로 돌아간다는 것을 기억하는 시간입니다(창 3:19). 흙으로 돌아가야 하는 '끝'을 기억하는 시간이자, 하나님께로 다시 간다는 소망을 기억하는 시간입니다. 다시는 돌아오지 않을 이 시간에 우리는 지금 무엇을 하고 있나요? 혹시 미루어두신 그 말이 있다면 지금 하세요.

"당신을 사랑한다"라고….

다시 돌아가야 할 그 길
— 성서에서 길을 묻다

아직 찬바람이 싸늘한 봄날, 네 살 된 아이를 업고 150리 길을 걷고 걸어서 교회에 나온 여인이 있었습니다. 추운 바람에 제대로 먹지 못하고 쉬지 못하고 온지라 감기에 걸려 10여 일씩을 앓았지만 그녀는 사경회에 참석하여 열심히 공부하였습니다. 어찌나 재미있는지 다음에 공부할 책 목록을 적어 가서 가슴에 품고 다음 사경회를 기다렸습니다. 그 내용이 1901년 「신학월보」 4월호에 다음과 같이 기록되어 있습니다.

먼대서 오신이가 두 분이오 한분은 네 살된 아해를 업고 一百五十리를 왔사니 이처럼 열심히 계신 것은 참 칭송할 만하도다. 이려러 부인들이 공부에만 힘쓰고 몸에 한 셔를 생각지 안타가 몃날 후에 감긔병이 나서 十여일식 늘 알코 흔히 四十인식은 폐회하도록 공부하고 그 공부하시난 책은 권사 공부 책인데 임의 그 책을 공부되엿사니 이번에는 본토 전도책을 차례로 공부하고 재미가 엇지 한히 잇난지이 다음 사경회 공부할 책 목록을 적어가지고 때 도라오기를 기다리니 여러 부인들이 가르침과 공부하는 안악네와 열심쓰는대로 하나님께서 도아주심을 알겟쇼.

위의 기사를 읽고 150리 길을 가려면 얼마나 걸어야 하는지 궁금하여 러닝머신 위에 올라가 열심히 걸어보았습니다. 적어도 20시간은 걸어야 도착할 수 있는 길입니다. 게다가 네 살 된 아이까지 등에 업었으니, 그보다 더 많은 시간을 걸어왔겠지요. 성경을 배우기 위한 열정은 과히 놀랄만한 것이었습니다. 한국교회 초창기

교인들의 모습입니다.

1903년 원산대부흥운동을 시작으로 하여 1907년 평양대부흥운동을 경험하면서 한국교회는 수적으로, 신앙적으로 많은 변화를 경험하고 성장합니다. 그러나 성장 이면에 더 중요한 것은 많은 기독교인이 사경회를 통하여 신앙의 기초를 세워간 것입니다. 사경회는 농한기인 1~2월에 열렸는데, 보통 일주일씩 열렸습니다. 약간의 차이는 있으나 보통 오전에는 한 시간 기도회를 하고 두 시간 성경 공부를 하였으며, 오후에는 한 시간 공부하고 교인 생활에 활력을 줄 수 있는 주제로 토론회를 갖습니다. 밖에 나가 전도를 하고, 저녁에는 전도 집회를 갖습니다. 토론회는 주로 조혼, 교육, 순결, 흡연 등의 주제를 놓고 공개토론을 하였는데, 토론을 통해 그들의 도덕적 입장을 정립하곤 하였습니다. 토론을 통하여 구체적으로 삶에서 어떻게 신앙을 실천해야 하는가를 배운 것입니다.

존슨 선교사가 미국 교회에 한국교회를 소개한 글에 다음과 같은 내용이 있습니다.

어느 날 300리 길을 나흘 동안 걸어서 선교부까지 온 사람이 있었습니다. 그리곤 목사에게 자신이 외운 성경 구절을 들려주는데, 마태복음의 산상설교 부분을 한 구절도 틀리지 않고 외웁니다. 그리고 그는 자신이 성경을 외우는 방법을 다음과 같이 설명합니다.

"제가 성경공부하는 법이 바로 그렇습니다. 처음에 성경을 외우려고 애썼으나 잘할 수가 없었습니다. 그래서 이 방법을 고안한 것입니다. 한 구절을 외운 다음 이웃을 찾아가 그 말씀대로 실천했습니다. 그랬더니 외워지는 것입니다"(이덕주, 『한국교회 처음이야기』 중).

말씀을 열심히 읽고 외웠을 뿐 아니라, 실천하여 말씀이 주는 은혜를 누렸던 것입니다. 그리고 그 말씀은 가슴과 머릿속에 새겨지는 하나님의 음성이 되었던 것입니다. 이렇듯 말씀 중심으로 순수하게 실천하며 살고자 했던 그들의 신앙은 오늘날 한국교회가 있게 한 작은 씨앗들이었습니다.

오늘날 한국 사회가 당면하고 있는 많은 문제—공존, 소통, 평화, 정의, 평등, 통일—와 사회적 현실 앞에서 교회는 방향을 제시하기는커녕, 교회가 방향을 잃고 헤매고 있습니다. 사회적, 윤리적 영향력은 이미 바닥에 떨어진 지 오래고, 교인 수는 점점 감소하고 있습니다. 이런 형국에 설상가상으로 교회마저 분열되고 있습니다. 이때 우리가 가야 할 길은 어디일까요? 어디서 길을 찾아야 할까요?

"한 구절을 외운 다음 이웃을 찾아가 그 말씀대로 실천했습니다."

이름 없는 한 농부의 고백. 그 작은 음성이 우리가 가야 할 길을 말하고 있는 것은 아닐까요? 성서로 돌아가서 그 말씀대로 가르치고, 알고, 살고자 할 때, 성서는 우리에게 가야 할 길을 말해 줄 것입니다.

부활의 삶을 산다는 것은

영국의 시인 존 던은 당대 최고의 시인으로 인정받아 남부러울 것 없는 명성과 부를 얻은 사람이었습니다. 그런데 시인은 자신의 침대 옆에 그림 하나를 늘 걸어놓았습니다.

흰옷을 입고 두 손을 앞으로 모은 채 시신처럼 누워 있는 자신을 그린 그림이었습니다. 그 그림을 걸어놓은 이유를 묻는 사람들에게 시인은 이렇게 말했다고 합니다.

"내가 언젠가 죽을 것이라는 사실을 늘 기억하며 살기

위해서입니다."

부활절을 기다리면서 우리가 생각해야 하는 것은 '다시 사는 것'의 문제만은 아닙니다. 언젠가 우리가 오늘의 삶을 마감할 때가 있다는 것을 기억하고 살아야 하는 것입니다. 그래서 오늘을 의미 있게 사는 문제입니다.

의미치료 심리학자 빅터 프랭클은 현대인들의 불행을 '누제닉 노이로제Noogenic neurosis'라고 진단합니다. 그리스어로 '누스noos'는 마음입니다. 즉, 불행의 원인이 마음에 있다는 뜻입니다. 인생의 의미를 스스로 찾을 수 없을 때, 인생은 다른 사람의 손에 휘둘리기 마련입니다. 그래서 남에게 인정과 애정을 받지 못하면 불행해진다는 것입니다. 우리의 삶이 나의 오늘 안에서 의미를 찾기 위해서는 어떻게 해야 할까요? 빅터 프랭클은 이야기합니다.

"하루하루를 잃어버린 내일이라고 생각하고 최선을 다하라. 거울 속의 자기 모습에서 눈을 떼라."

자기 문제에 집중하지 말고 남들에게 사랑을 주며 세상을 향해 마음을 열라는 것입니다.

자신에게 역설적 의도(paradoxical intention)의 모습을 가지라, 자신에게 거리를 두고 스스로의 부족한 모습에 미소를 지어보라는 것입니다. 부족한 모습을 있는 그대로 받아들이고, 현재 내가 할 수 있는 봉사의 대상을 찾아 봉사하라는 것입니다.

히브리인들은 아이가 세상에 처음 태어나면 나무를 심어 주었습니다. 여러 가지 이유가 있었지만, 그중에 하나는 나무가 살아가기 위해 필요한 것들이 모두 은혜로 주어졌음을 알게 하는 것이었습니다. 흙, 물, 바람, 햇살, 공기…. 그 어느 것도 거저 주어지지 않을 것이 없습니다. 오늘의 나도 결국은 하나님의 선물입니다. 부족하다고 생각하는 모습도 사실은 너무나 많은 것을 거저 받은 삶입니다. 비교하지 않고 자신의 길을 가고… 언젠가 마감할 삶이라는 것을 기억하면서 사는 것. 그것이 곧 다시 사는 삶입니다.

신영복 선생님은 "자유自由란 자기의 이유로 살아가

는 것"이라고 합니다. 하나님 앞에서 하나님이 나에게
주신 삶의 이유로 살아가는 것. 그것이 바로 새로운 생
명, 자유로운 삶입니다.

은혜로 사는 사람들
(*Sola Gratia*!)

레나 마리아는 1968년 스웨덴에서 태어난 C.C.M. 가수입니다. 그녀는 태어나면서부터 두 팔이 없었습니다. 다리 한쪽은 다른 다리의 반밖에 되지 않았습니다. 그러나 그녀는 온전한 다리 하나로 모든 삶을 향유해 갑니다. 운전, 뜨개질, 오르간 연주, 지휘, 수영. 못 하는 것이 없습니다. 장애인 올림픽에 나가서 수영 부문 금메달을 획득하기도 합니다. 그러나 무엇보다도 그녀는 자신이 가장 잘하는 일을 사랑하는 마음으로 합니다. C.C.M. 가수가 되어 전 세계를 다니며 많은 사람에게 자신의 삶은 온전한 은혜라고 고백합니다.

우리나라에도 몇 차례 공연을 왔지요. 개량 한복을 단아하게 차려입고 〈Amaging grace〉를 부르는 그녀의 모습 속에서 은혜로 사는 사람의 평화와 자유를 발견합니다. 그녀의 자유는 자신의 삶을 남과 비교하지 않고 받아들이고 누리는 데 있었습니다. 그녀의 어머니가 처음 그녀를 보는 순간 했던 첫 마디가 "Beautiful!"이라지요. 그 고백대로 그녀는 고단하지만 아름다운 삶, 불편하지만 은혜를 고백하는 삶을 살아갑니다.

데이빗 씨맨스는 저서 『치유하시는 은혜』에서 인간이 하나님의 은혜를 받아들이는 가장 첫 번째 길은 자신이 용서받아야 할 존재이며, 용서받은 존재라는 것을 받아들이는 것이라고 합니다. 그러나 많은 사람이 스스로 완전해짐으로써 삶을 주도해 가고 하나님 앞에 서려고 하는 경향을 보인다고 합니다. 완전주의자들의 유형은 대체로 다음과 같은 세 가지 양상입니다.

첫 번째, 지배형입니다. 자존감에 대한 지나친 욕구가 있어 다른 사람들과 늘 경쟁하고 힘, 성취, 존경, 특권을 원하고 인정받기를 원합니다. 두 번째, 자기 소멸형입니다. 지배형과는 달리 지나치게 의존적입니다. 약하고 무력하며, 동조적이며 복종적입니다. 비난이 두려워 자신을 내보이기 두려워합니다. 타인의 의견에 따르는 것으로 사랑받을 수 있다고 생각합니다. 세 번째, 후퇴형입니다. 통제력이 지나쳐 지나치게 독립적입니다. 자신이 간섭받는 것도 싫어하지만 다른 사람들에게 관심을 보이지도 않습니다. 양상은 다르지만 완전주의자들은 모두 자신이 사랑받고 싶은 욕구를 때로는 지배를 통해, 동조를 통해 혹은 무관심을 통해 나타내는 것이지요.

에릭 프롬도 *The Revolution of Hope: Toward a Humanized Technology*(『희망의 혁명』)에서 현대인들이 자신의 가치를 시장성과 적응성과 경쟁 능력으로 평가한다고 말합니다. 현대 사회에서는 물건, 기술, 노동, 정보뿐만 아니라 자기 자신도 상품입니다. 자신을 하나의 상품으로 인식하며 인생을 유리하게 투자할 자본, 후일 잘 팔릴 상품으로 경험합니다. 시장성이 떨어지면 자신의 가치에 대하여 절망합니다. 적응성은 표준화된 지표와 서열

구조에 의하여 자신과 타인을 가치 평가하는 것입니다. 자율과 창조보다는 적응과 수용이 삶의 방법이 됩니다. 또한 타인과의 경쟁에서 이기는 것이 자신의 가치를 확인하는 근거라 생각하지요. 절대적 삶의 지표나 가치보다는 경쟁적이고 상대적인 기준으로 끊임없이 자신을 확인하고 다른 사람과 비교합니다. 그래서 자신의 길에 확신을 갖지 못하고 다른 사람의 인생을 기웃거리고 사는 모습이 만연할 수밖에 없습니다. 상품으로서의 가치를 채우기 위해 인생은 늘 불안하고 기계적인 삶을 살아갈 수밖에 없습니다. 상품으로서 가치 없는 인생은 소외되고 변두리로 밀려나는 것이 당연하다고 받아들입니다. 내면의 연약함과 두려움과 완악함을 숨기기 위해서 끊임없이 위로 올라가는 사다리에 매달리는 것이 우리네 모습입니다.

그러나 루터와 같은 개혁자는 "오직 은혜로"(*Sola Gratia*)를 구원의 핵심적 진리로 선언하였습니다. 타락하고 무능한 인간의 구원은 오직 하나님의 주권적 은혜에 의한 것이라고 주장하였습니다. 은혜는 위로 올라가는 것이 아니라 '위로부터' 내려오는 것입니다. 하나님의 사랑은 '불가항력적인 은혜'(irresistible grace)입니다.

우리는 허물과 죄로 죽음을 경험하고 있지만, 하나님의 사랑은 우리를 구원하시고 새로운 삶으로 인도합니다. 인간은 존재 그 자체로서 받아들여진다는 것입니다. 헬라인이나 유대인이나, 종이나 자유자나, 여자나 남자나 모두에게 동일한 은혜입니다. 바로 이러한 은혜는 '용납되어짐'입니다. '용납되어짐'을 받아들임으로써 비로소 자유로울 수 있습니다. 은혜로 산다는 것은 바로 은혜의 하나님이 계신 곳으로 가는 것입니다. 그분과 동행하는 것입니다.

영성가 헨리 나우웬은 하나님이 만져주실 때 자신이 남보다 더 나아야 하고 모든 경쟁에서 이겨야 할 것처럼 가장할 필요가 없다는 것을 깨닫습니다. 있는 모습 그대로, 고유한 모습 그대로 나 자신이 되어도 괜찮다는 것을 느낍니다. 뿐만 아니라 자신이 치유 받은 것처럼 상처 나고 고통 받는 사람들을 치유하고 해방하는 일에 부르심을 받았다고 확신합니다. 그래서 라르쉬 공동체에서 자신의 생을 보내는 것입니다. '자신의 모습 그대로' 살아갈 수 있는 용기. 그것은 은혜의 결과였습니다.

'2011 세계육상선수권대회'에서 가장 관심을 받았던 선수는 남아프리카 출신의 오스카 피스토리우스였습니다. 의족 스프린터로 주목받은 사람이지요. 그는 태어날 때부터 종아리 부분이 뼈가 없는 기형으로 태어났습니다. 9개월이 되었을 때 다리를 절단합니다. 그러나 그는 의족을 끼고 걷는 것으로 만족하지 않고 장애인 올림픽에 나가서 여러 번 우승합니다. 그러나 여기서 멈추지 않습니다. 비장애인 육상경기에 도전하였고 드디어 의족을 하고 경기에 참여하게 됩니다. 400미터 경기에서 그는 꼴찌를 하였습니다.

400미터 46초 19 최하위. 출발도 0.294초 걸리며 가장 늦게 출발하였습니다. 그러나 그는 희망과 꿈을 이야기하였습니다.

그의 등에는 성경 말씀이 새겨져 있습니다. 신약성경, 고린도전서 9장 26절과 27절이지요. 분명한 목표를 향해 나아가는 삶과 신앙을 달리기에 비유했습니다.

"나는 목표가 없는 사람처럼 달리지 않습니다. 나는 허
공에다 주먹을 휘둘러대는 사람처럼 싸우지 않습니
다"(I do not run like a man running aimlessly. I do
not fight like a man beating the air).

꼴찌로 들어온 그에게서 당당한 자신감을 봅니다.
자기 트랙에서의 완주가 아름다웠습니다.

방향 없이 달리던 발걸음 좀 멈추어야 하겠습니다.
하릴없이 휘둘러대던 주먹도 좀 내려놓아야 하겠습니
다. 상승 사다리 앞에서 조급해하던 마음의 깃도 여며야
하겠습니다. 돌이켜 보니 모든 것이 은혜였습니다. "오
직 은혜"(Sola Gratia)였습니다.

오직 믿음으로
— 새로운 길을 여는 사람들

길을 떠나는 한 남자가 있었습니다. 그는 길을 떠나기 위해 자신이 가지고 있는 것을 최소화하는 작업을 합니다. 평생 동안 쓴 작품들의 저작권을 사회에 환원하고 그를 따르는 추종자들도 뒤로 한 채 길을 떠납니다. 아내의 반대로 인한 갈등. 믿음은 사랑으로 실천되어야 한다고 믿는 신념. 이 두 갈등을 가슴에 안고 떠납니다. 길을 떠난 지 얼마 되지 않아 러시아의 한 작은 마을의 역에서 숨을 거둡니다. 지난 겨울 상영했던 〈톨스토이의 마지막 인생〉(The Last Station)의 내용입니다. 단순한 내용이지만 많은 것을 생각하게 하는 영화였습니다.

실천적 영성을 추구했던 러시아의 문호 톨스토이는 다음과 같이 이야기합니다.

"믿음이야말로 삶의 의미를 깨닫게 하는 것이며 삶과 관련된 의무와 책임을 받아들이게 하는 것이다."

그리고 그는 믿음이 주는 삶의 의무와 책무를 실천하기 위해 길을 떠났습니다. 원제가 〈The Last Station〉이라는 것이 인상적입니다. 아마도 믿음의 삶은 '순례의 삶'이라는 것을 말하고자 하는 것이겠지요.

성서 안에서도 믿음의 삶을 살았던 사람들을 보면 길 떠나는 사람, 새로운 길을 닦는 사람들이었습니다.

믿음의 선조 아브라함도 그의 고향, 친척, 본토 아비 집을 떠나 하나님의 음성을 듣고 길을 떠났던 사람입니다. 출애굽의 역사도 순례의 사건입니다. 매일매일 만나를 내려주시고, 불기둥, 구름기둥으로 인도하시는 하나님의 손길을 믿으며 미지의 길을 향해 갔던 것입니다. 예수님의 제자들도 길을 떠났던 사람들입니다. 베드로도 그물을 버리고 예수님을 따랐으며, 바울도 예수님을 만난 이후로는 복음으로 새로운 길을 열었습니다. 예수님도 "나는 곧 길이요, 진리요, 생명이다"라고 말씀하셨습니다. 길을 갈 때 많은 미지의 일을 겪기도 하고 또한 새로운 사람들을 만나기도 하지만, 수없이 작별 인사를 나누기도 합니다. 낯선 장소에서, 낯선 일을 마주하여 갈등을 겪기도 하지만, 갈등에 도전하는 삶이어야 합니다. 한곳에 머물러 있지 않기에 많은 것을 가져서도 안 됩니다.

'살아 있는 프랑스 최고의 석학'으로 불리는 자크 아탈리Jacques Attali는 저서 『호모 노마드』에서 인간의 삶의 유형을 두 가지로 설명합니다.

첫 번째 유형은 길을 닦는 사람들입니다. 유목민적 삶을 사는 사람들이지요. 그들은 끊임없이 새로운 길을 향해 가고, 그들을 통해서 불, 종교, 예술, 민주주의 등 인간의 문명이 발달했다고 합니다. 뿐만 아니라 이들은 다리를 놓는 역할을 함으로써 소통과 교류의 중요한 역할을 감당해 왔습니다. 대부분의 역사가 정착민의 관점에서 썼기 때문에 이러한 유목민의 삶의 가치는 그동안 평가 절하되어 왔던 것이지요.

두 번째 유형은 성을 쌓은 사람들입니다. 정착하는 삶을 살면서 그들이 만들어 낸 것은 국가와 세금과 감옥 정도라고 이야기합니다. 머물러 있기 위해서는 더 많은 소유와 자리와 힘을 필요로 합니다. 그래서 경쟁과 권력과 명예를 쌓아가는 일에 몰두한다는 것이지요. 그렇기 때문에 기존의 것에서 새로운 것으로 변화되는 것을 두려워하지요.

그렇다면 길을 떠나 새로운 길을 닦은 사람들의 공통점은 무엇일까요?

그것은 '마지막 종착지'가 있다는 것을 명확히 아는 것입니다. 즉, 삶에 끝이 있음을 아는 것입니다. 그렇기에 하나님은 무한하지만 우리는 유한한 존재라는 것을 믿는 것입니다. 우리의 삶이 하나님의 선물인 것을 깨닫는 것이며, '나의 인생'이라고 부르는 작은 이야기는 역사에 대한 하나님의 큰 이야기 속에 포함되면서 우주적이고도 영원한 의미를 얻을 수 있다는 것을 믿는 것입니다.

유한성을 인정하면서 사는 삶은 종말론적 삶을 가능하게 합니다. 이 세상의 명예와 힘과 물질에 연연하지 않는 힘을 가질 수 있는 것이겠지요. 그래서 힘 있는 자 앞에서 비굴하지 않고 약한 자 앞에서 겸손하며, 많은 것을 가졌다 하여도 교만하지 않고 가진 것이 없다 하여도 좌절하지 않는 자유를 누릴 수 있어야 합니다.

또한 길을 떠나는 사람들은 그 여정 속에 함께 하는 자들과 삶을 나눕니다. 목적지에 이르기 위해서는 여정 속에서 '배려'와 '신뢰'가 있어야 합니다. 나의 배를 채우기 위해 내일 먹을 만나까지 거둔 자들의 수고가 헛되었던 것처럼, 목적지까지 도달하기 위해서는 함께 가는 한 걸음이 혼자 가는 열 걸음보다 중요하다는 것을 배워야 합니다. 그래서 여정의 즐거움을 만끽할 수 있어야 합니다. '함께 사는 즐거움' 말입니다.

믿음은 하나님에 대하여 많이 아는 것을 의미하지 않습니다. 예수 그리스도의 삶을 따라 사는 것을 의미합니다. 그러기 위해서는 그가 어디로 가셨는지를 놓치지 않고 보아야 합니다. 길목마다 누구와 만나셨는지 그리고 그들을 어떻게 대하셨는지 기억해야 합니다.

믿음으로 나아가는 오늘, 우리는 어떤 길목에 서 있을까요?

복음에는 하나님의 의가 나타나서 믿음으로 믿음에 이르게 하나니 하나님의 기록된바 의인은 오직 믿음으로 말미암아 살리라 (For in the gospel a righteousness from God is revealed, a righteousness that is by faith from first to last, just as it is written: "The righteous will live by faith. 롬 1:17).

희망의 불빛

링컨이 열 살 되던 해, 1818년 10월 5일 어머니 낸시 행크스가 세상을 떠나면서 다음과 같은 유언을 남깁니다.

"사랑하는 에이브, 이 성경책은 내 부모님으로부터 물려받은 것이다. 내가 여러 번 읽어 낡았지만, 우리 집안의 값진 보물이란다. 나는 너에게 100에이커의 땅을 물려주는 것보다 이 한 권의 성경책을 물려주는 것을 진심으로 기쁘게 생각한다.

에이브야, 너는 성경을 부지런히 읽고 성경 말씀대로 하나님을 사랑하고 이웃을 사랑하는 사람이 되어다오. 이

것이 나의 마지막 부탁이란다.

약속할 수 있겠니?"

에이브러햄 링컨은 삶의 과정 가운데 일곱 번이나 낙선했고, 두 번의 사업 실패, 그것으로 인한 빚을 갚는 데만 해도 무려 17년의 세월이 걸립니다. 뱃사공, 농부, 점원, 우체부, 변호사, 주의원, 하원의원을 거쳐 대통령이 됩니다.

그는 실패할 때마다 실패 안에 새겨진 하나님의 뜻을 발견하고자 노력하였습니다. 그리고 그것을 징검다리로 활용하였습니다. 그가 실패와 고난의 삶 가운데서도 희망을 놓지 않았던 이유는 어머니가 읽어주시던 성경과 기도의 힘이었다고 합니다(전광, 『링컨, 백악관을 기도실로 만든 대통령』 참고).

어린이날, 어버이날을 지내면서 가정에 대한 이야기를 많이 하는 계절입니다. 그러나 주위의 이야기들을 들어보면 우리 자녀들이 너무 많이 힘들어하고 흔들리고 있다고 합니다. 입시 연구소처럼 되어버린 가정, 성적으로만 평가되는 교육 제도, 경쟁을 부추기는 사회 문화. 이 모든 것이 아이들에게 버거울 뿐입니다.

아비샤이 마갈릿은 저서 『품위있는 사회』에서 정의로운 사회보다 품위있는 사회가 더 현실적이고 시급한 목표라고 합니다. 품위있는 사회는 제도들이 그 안에 살고 있는 사람들을 모욕하지 않는 사회입니다.

아비샤이 마갈릿은 "사람들이 무엇을 모욕하고, 또 어떤 것을 존중하는가?"라는 물음을 통해 인간이 가장 우선적 존재가 되어 가고 있는가를 살펴야 한다고 합니다. 정치, 사회, 교육 문화가 인간 존중의 정신을 담고 있는가를 우리를 늘 살피고 이를 추구해야 합니다.

또한 삶의 여정 가운데 우리는 예상하지 못한 버거운 여정을 걸어야 할 때가 있습니다. 때론 햇살이 찬란한 듯했으나, 망망대해에서 예고 없는 비바람을 맞아야 하는 날들도 있습니다. 우리도 그러하고, 우리 자녀도 그러합니다. 그렇기에 우리가 이 삶을 헤쳐 나갈 수 있는 작은 희망을 우리 가슴 속에 하나씩 새기고 있어야 합니다. 그 희망의 등불이 바로 오늘 내가 엎드려 하나님께 드린 기도의 소리가 될 수 있습니다. 그 기도 소리가 험한 파도 가운데서 갈 길을 밝히는 불빛이 되고, 거친 바람 속에서 발길을 인도하는 북소리가 되어 우리의 앞길을 인도할 것입니다.

2장

불편한 진실,
진실한 불편

무슨 질문을 할 것인가

맹자가 위나라의 혜왕을 만났을 때 일입니다.

"선생님이 멀리서 온 까닭은 우리나라에 이익이 될 만한 것을 알려주시기 위해서라고 생각됩니다. 그것을 알려 주십시오."

혜왕은 맹자에게 나라를 부강케 할 계책을 물었습니다.

"왜 이익만 생각하십니까? 이익보다는 '인의'(仁義)가 중요합니다. 왕께서 나라의 이익만 생각하신다면 조정의 중신들은 가문의 이익을 생각할 터이고, 백성들 또한 그들의 이익만을 생각할 것입니다. 이렇듯 각각 자신의 이익만을 생각한다면 어찌 나라가 바로 서겠습니까?"

이익보다 우선하는 것이 "인"과 "의"라는 것입니다. "인"을 버리고 구한 이익이 행복할 수 없고, "의"를 살피지 않고 구한 이익은 구차할 수밖에 없습니다. 그러기에 지도자는 무엇이 우선인가 하는 것을 바로 알아야 한다는 것입니다. 어디 지도자뿐이겠습니까? 우리의 삶도 마찬가지입니다. 한 해의 절반을 달려온 우리는 스스로에게 방향에 대한 질문을 새롭게 할 필요가 있을 것입니다.

저술가 스티브 코비도 인생에 있어서 가장 중요한 것은 '우선순위'를 생각하는 것이라고 합니다. 우선순위를 바로 찾기 위해서는 적어도 다음과 같은 네 가지 질문이 필요합니다.

첫째, 내게 곧 심장마비가 닥친다면 지금 어떻게 살겠는가?

둘째, 학교(직장) 생활이 이제 2년밖에 남지 않았다면 지금 무엇을 준비해야 할까?

셋째, 내가 다른 사람들에게 하는 모든 말을 그들이 모두 알 수 있다면 지금 그들에 대해 어떻게 말할 것인가?

넷째, 정기적으로 신神과 일대일로 만나서 생활을 심판받는다고 해보자. 지금 어떻게 살겠는가?

참으로 종말론적인 질문입니다. 이 질문 앞에 서면 우리는 그동안 경쟁에서 이기기 위해 끊임없이 남과 비교하면서 달려온 우리를 발견하게 됩니다. 우리의 영혼마저 따라올 수 없는 속도에 갇혀 스스로 삶의 변두리를 배회하고 있지는 않았는가 살펴보게 됩니다.

"나는 내 인생의 질문들을 제대로 하고 가는 것인가?"

"그 질문에 무엇이라 답하고 있는가?"

잠시 멈추어 서서, 여백의 시간에 우리의 울림을
찾아볼 때입니다.

공존의 네트워크

　하버드대학을 졸업하던 날 자신이 받아야 하는 졸업장을 거부했던 한 남자, 자신의 학력을 증명하기 위해 양의 가죽을 벗겨 만든 양피지 졸업장을 가지고 있을 필요가 없다고 말했던 사람, 대학을 졸업하고 교사, 목수, 측량기사를 거쳐 아버지의 연필 공장 일을 돕던 헨리 데이빗 소로는 미국의 독립기념일인 1845년 7월 4일, 손수레에 단출한 짐을 싣고 월든 숲으로 들어갑니다. 그때 그의 나이 28세.

　몇 달에 걸쳐 손수 지은 집. 가로 4.6m, 세로 3m, 높이 2.4m의 집에는 침대와 탁자 등 필수품 몇 가지가 전부였습니다.

일할 만큼만 먹고, 먹을 만큼만 생산하면서 사는 그를 다른 사람들은 인생을 낭비하는 사람이라 손가락질 했지만, 그는 그러한 삶의 이유를 "내 자신의 의지대로 살아보기 위해서"라고 설명했습니다. 산다는 것이 소중하기 때문에 그는 더 이상 "나는 진정한 삶이 아닌 삶은 살고 싶지 않았다"라고 합니다.

그렇게 자연과 공존하는 삶을 시작합니다.

한 해를 시작하면서 우리는 많은 계획을 세우고 다양한 꿈을 꿈니다. 오늘보다는 삶이 좀 더 나아지겠지…, 풍요로운 삶이 올 수 있겠지. 새로운 계획 속에는 어김없이 더 많은 것들을 갖고, 새로운 것들을 소유하고, 더 놓은 자리로 올라가기를 원하는…, 우리 시대의 성공의 기준들에 부합하는 목록들이 주를 이루고 있을 것입니다.

영화 〈아바타〉는 죽어가는 지구 대신 판도라라는 외계 행성을 정복하기 위한 인간의 점령과 침략에 맞서는 원주민 '나비족' 이야기입니다. 악한 지구인과 자연의 모습을 담고 사는 외계인들이라는 주제는 새롭지는 않지만, 영화 중 보이는 의례와 대사는 우리에게 평범한 듯하면서도 중요한 메시지를 전해 줍니다.

판도라의 나비족은 생명체가 서로 개별적으로 존재하지 않는다고 믿습니다. 그래서 그들은 기도할 때도 다 같이 어깨를 잡고 하나 된 모습으로 기도하지요. 동물 하나를 잡을 때도 그의 생명에 대한 예를 다하고 잡습니다. 미신적인 것 같으나 사실은 최첨단 과학 이야기 아닐까요? "우리의 삶은 하나로 연결되어 있다는 것."

인터넷으로 전 세계가 연결된 세상을 살면서도 여전히 개별적 존재인 듯 살아가는 오늘날 우리의 삶이 얼마나 아이러니한 것인지요? 올 한 해도 우리는 수백 번씩 인터넷 세계를 드나들게 되겠지요. 그러나 컴퓨터 속에서만의 네트워크가 아닌 생명이 연결된 네트워크, 그리하여 살아가는 삶을 서로의 몸으로 느끼는 네트워크, 공존의 네트워크에 대한 고민이 바로 소로우가 제기한 삶의 본질적인 문제들에 대한 질문일 것입니다.

여백이 필요한 때

'여백 증후군'이라는 말이 있습니다. 다이어리에 스케줄이 빼곡히 적히지 않으면 그 여백으로부터 불어오는 황소바람 때문에 헛헛해하는 마음을 말합니다. 이와 동시에 '이러고 있으면 안 돼' 증후군도 있습니다. 바쁜 스케줄을 소화해 내면서 정작 아무 일에도 집중하지 못하고 이 일, 저 일 옮겨 다니면서 불안해하는 마음입니다. 많은 일을 해내고 있으면서도 여전히 사회적 요구와 기준에 못 미친다고 생각하여 연신 초조해지는 마음입니다. 경쟁에 이겨야 하고, 효율성을 높이고 생산성을 극대화하는 것이 가치 있는 삶이라고 부추기는 사회 속에서 우리에게 '여백'이라는 단어는 증후군으로 다가올 뿐입니다.

그러다 보니 사랑하는 친구와 전화로 나눈 이런저런 신변의 대화는 '잡담'으로 취급되고, 꽃을 가꾸고, 뜨개질하고, 아이들의 장난감을 만드는 일들은 '잡일'로 구분되어 버립니다. 눈에 보이는 성과물을 낼 수 없는 일을 한 날은 그저 빈둥대면서 보낸 하루가 되는 것입니다.

미하엘 엔데의 소설 『모모』에 보면 "시간을 맡기면 몇 배의 이익으로 돌려준다"는 회색빛 남자들의 달콤한 유혹에 속아 자신들의 시간을 저당 잡히고 사는 어른들의 이야기가 나옵니다. 몇 배의 이익을 위해 시간을 저당 잡힌 그들은 더 바빠지고 분주해져서 가족들도 친구들도 눈에 들어오지 않습니다. 풍요로움과 편리함을 위해 오늘도 달릴 뿐입니다.

우리도 그러하지 않은가요?

가족들에게도 "빨리 숙제해", "빨리 공부해"라는 이야기가 대화의 전부는 아닙니까?

오랜 시간 연락도 없는 친구의 안부가 궁금하지는

않나요?

가족도 친구도 시야에서 사라진 채 과연 우리는 어디로 질주하고 있나요?

바쁜 여정과 밀려드는 무리 가운데서도 자신에게 손을 대었던 혈루증 앓던 여인의 가녀린 손길을 예수님은 단박에 알아채십니다(눅 8:40-48). 베드로는 무리가 몰려들어 밀고 있다고 말합니다(The people are crowding and pressing against you). 그러나 예수님은 멈추시어 그 한 사람을 물으십니다. "누구냐?"(Who touched me)고.

바쁘신 여정을 멈추신 여백의 시간이었습니다. 그 여백 덕분에 한 여인이 치유를 받고 구원을 받습니다. 그 여백이 오늘 우리에게 필요한 것 아닐까요?

가까운 이에게 전화해서 잡담 좀 해야겠습니다. "괜찮냐"고, "어디 아픈 데는 없냐"고.

나는 은하수로 지어졌네

우연히 인터넷 검색을 하다가 지식 Q&A 란에서 한 초등학생의 다이어트에 관한 질문을 보게 되었습니다. 초등학교 6학년이라는 한 여학생은 여름방학 35일 동안 살을 뺄 계획이니 구체적인 방법을 알려달라고 하였습니다. "흑ㅜㅜ, 도와주실 거죠?!, 제발 도와주세요"의 표현은 얼마큼 간절하게 살 빼기를 원하는지 옆에서 보는 것 같이 느껴졌습니다. 얼굴 작아지는 방법부터 털 없애는 방법, 피부 하얗게 되는 방법에 이르기까지 비교적 구체적이었습니다. 그러한 고민의 이유인즉 학교에서 친구들이 '얼큰이'라고 놀린다는 것이었습니다. 집

앞 놀이터에는 철봉도 없고 미끄럼틀만 있으니 집안에서 할 수 있는 다이어트 방법을 알려 달라고 했습니다. 그리고 그러한 질문에 여러 가지 답변이 달렸습니다. 그중 재미있는 답변 하나는 통닭 세 마리에 피자 세 판사 먹을 돈을 아껴서 헬스장에 다니면, 살을 빼는 데 많은 도움이 될 것이라는 답변이었습니다.

그 여름방학 동안 그 아이는 한참 먹고 싶은 통닭 세 마리, 피자 세 판의 돈을 아껴, 철봉도 없는 놀이터에는 아니 가고 헬스장의 러닝머신 위에서 열심히 달리고 있었을까요?

지금 우리 사회는 '외모 지상주의 문화'가 지배하고 있습니다. 미국 「뉴욕 타임스」의 칼럼니스트인 새파이어William Safire가 인종, 성별, 종교, 이념 등에 이어 새롭게 등장한 차별 요소로 '외모'를 지목하면서 부각되기 시작한 '루키즘lookism'은 외모가 개인 간의 우열뿐 아니라 인생의 성패까지 좌우한다고 믿어 외모에 지나치게 집착하는 경향 또는 그러한 사회 풍조를 말합니다. 이러한 외모 지상주의는 대중매체의 상업성을 타고 사회적 문화로 확산되면서 이제는 초등학생들까지도 '다이어트'와 '성형'에 눈을 돌리게 된 것입니다. 더 나아가 인터넷과 디지털카메라, 폰 카메라 등의 보급으로 인하여 10대 청소년들이 자신의 모습을 개인 홈페이지에 올려 공개하면서 소위 '얼짱 문화'를 형성하게 되었습니다.

이러한 외모 지상주의 문화는 더 아름다운 외모, 더 날씬한 외모를 늘 자신의 몸의 이상형으로 만들어 놓고 현재 자신의 몸을 철저히 타자화시킬 뿐 아니라 소외시켜 버리는 현상을 가져옵니다. 또한 외모를 가지고 사람을 평가하고 차별하는 외모 차별주의라는 병리적 현상을 가져오게 될 뿐 아니라, '얼짱 문화'라는 용어 속에서 볼 수 있듯이 얼굴로 일등을 가려보자는 지나친 외모 경쟁의식을 가져오게 됩니다.

더 나아가 상업주의적 대중매체에서 소개하고 있는 아름다움의 기준이 지극히 서구적일 뿐 아니라, 일하지 않는 아름다움이 전제되어 있다는 것이 큰 문제입니다. 백화점에 화려하게 진열되어 우리 아이들을 유혹하는 바비 인형은 '바비 인형 신드롬'을 무의식중에 갖도록 만듭니다. 조그마한 얼굴, 끊어질 듯 가느다란 허리, 걸어 다니지도 못할 것 같이 자그만 발, 이런 모습이 가장 아름다운 모습이라고 생각하게끔 만들어 과연 이런 몸매를 가지려면 어떻게 해야 할까 고민하게 만들고, 우리의 몸을 가지고 어떤 일을 할 것인가를 생각하기보다는 몸을 위해서 무엇을 해야 하나를 고민하게 만듭니다.

사실 이러한 아름다움의 기준에는 일하지 않는 아름다움이 전제되어 있습니다. 매일 걸어 다니며 노동하는 발은 부러질 듯한 발목으로 남아 있을 수 없습니다. 밥하고 농사짓고 바느질하는 손은 그렇게 마디 하나 없이 희고 고울 수 없습니다. 아이를 출산하고 젖을 먹이고 새벽부터 밤늦게 까지 집안일에 시달려야 하는 그 몸은 부러질 듯한 허리에 군살 하나 없는 S라인으로 남아 있기 어렵습니다. 그런데 마치 이러한 몸은 게으른 몸인 것처럼, 관심받지 못한 몸인 것처럼 인식되어 오늘 우리는 보톡스 주사를 맞고 성형 수술을 해서 끊임없이 몸의 역사를 지워 버리려 합니다. 우리의 몸이 가지고 있는 역사와 화해하는 것이 필요한데도 말입니다. 우리는 가정과 사회와 세계의 평화를 위해서 끊임없이 기도합니다. 그런데 왜 그렇게 자주 우리는 우리 몸과 싸우고 있나요?

"하나님이 그 지으신 것을 보시니 보시기에 심히 좋았더라"(창 1:31)라는 성서의 기록처럼 하나님은 우리 몸을 창조하고, 사랑하며 영화롭게 하셔서 성육신을 통해 우리 몸을 축복하셨습니다. 그렇다면 우리의 육체는 무한히 값진 것이며 무엇과도 바꿀 수 없는 선물이지 않은가요?

"네 이웃을 네 몸과 같이 사랑하라"는 예수님의 요구의 이면에는 "네 몸을 사랑해야 한다"는 명령이 전제되어 있는 것입니다. 지금 이대로의 우리 몸에 귀를 귀 기울일 때 우리는 몸속에 울려 퍼지고 있는 하나님의 신비를 발견할 수 있습니다. 더 나아가 획일화되고 상업화된 미의 기준으로 아름다움을 평가하고 추구하는 편협하고 왜곡된 시각에서 벗어나 다양한 다름의 아름다움을 발견하게 될 것입니다. 그렇다면 우리가 살고 있는 삶의 자리 곳곳에 그동안 발견하지 못한 수많은 아름다움을 발견하게 될 것입니다.

대학 시절, 어릴 적 소아마비를 앓아 한 쪽 다리가 다른 다리에 비해 유난히 가느다랗고 짧았던 선배가 있었습니다. 어느 날 화려한 꽃무늬에 프릴로 장식된 미니 스커트를 입고 나타났을 때의 그 당당함과 여유로움에서 느꼈던 충격을 잊을 수 없습니다. 그보다 더 아름다운 다리를 본 적도 없습니다. 그리고 그 모습 속에서 아름다운 우주의 한 곳을 발견한 듯하였습니다.

나는 은하수로 지어졌네.
딱딱한 물체가 아니,
복잡한 원자들의 그물로
내 뼈와 살은 형성되었네.

작은 태양계는 내 눈이요,
근육과 뼈대는 대기로 이뤄졌네.
저녁하늘에 반짝이는 혜성처럼,

내 피는 정연하고 도도하며
일정하게도 흐르는구나.

10평생의 먼 거리에
가장 가까운
별이 있고,
나무처럼 견고한 내 몸 안에는 아직도,
양자와 전자가 나눠져 있네.

뼈는 내 흐르는 피보다 더 유동적이구나.
섬 우주인 내 몸을 지으실 때,
하나님은 어찌 그리도
정교하고 정열적으로 계획하셨던가?

_ 마드레느 랑글Madeleine L'Engle의 詩 중

신을 벗으라

모세가 하나님을 다시금 만난 호렙산에서 하나님은
왜 모세에게 신을 벗으라 하셨을까요?

신발은 우리 인간의 삶에서 빼놓을 수 없는 필수품
중의 하나입니다.

신발은 다양한 의미를 가지고 우리의 삶에 동행합니
다. 신발은 발을 보호하거나 치장하는 수단, 사회적 지
위나 경제적인 수준을 표시하는 것 외에, 신비로운 관념
을 형성하기도 합니다.

신데렐라가 신었던 그 작고 아름다운 구두는 그 누
구에게도 맞지 않아 그의 사랑을 찾아주는 사랑의 끈으

로 표현되면서 왕자님을 기다리는 가엽고 가녀린 사랑의 전형을 그리는 도구 역할을 하기도 했습니다. 중국여성들의 전족 또한 사랑받는 여성이 지녀야 하는 필수적인 신체 조건이었습니다. 이렇게 신발은 때로 사랑받아야 하는 자로서 여성의 모습을 왜곡되게 그려 왔던 것도 사실입니다.

루이 14세는 작은 키를 커 보이게 하려고 자신이 승리로 이끌었던 전쟁의 그림을 높은 굽에 새겨 넣었다고 합니다. 링컨은 백악관 집무실에서 번거로운 부츠 대신 카펫 슬리퍼를 신어 행정 관료들을 놀라게 했는데, 이것은 권위를 벗겠다는 상징적 행동이었습니다. 마이클 조던이 매일 다른 신발을 갈아 신는 것은 새로운 시작에 대한 마음가짐의 표현이었습니다. 7080 세대가 당시 '나이키', '프로스펙스'를 신을 수 없어 '나이스', '프로스폭스'를 신고 다녔던 것은 경제적, 사회적 지위에 대한 욕망을 보여주는 또 하나의 모습이었습니다.

또한 고흐가 즐겨 그렸던 신발의 초상들은 그가 걸어 다니면서 말씀을 전하고자 하였던 선교적 욕망을 표현하는 것이었고, 그가 가야 하는 방향에 대한 끊임없는 질문이기도 하였습니다.

모세가 하나님 앞에 섰을 때, 하나님은 왜 신발을 벗으라 하셨을까요? 그의 삶의 여정을 돌고 돌아 다시 하나님 앞에 섰을 때, 하나님은 왜 그에게 "신을 벗으라" 하셨을까요?

급히 걸어 왔던 그 걸음들, 신발 속에 고스란히 묻어 있는 개인의 욕망, 문화의 가림, 이러한 것들을 이제는 모두 내려놓고 다시 한번 새 걸음을 시작하여야 한다는 첫 명령이지 않았을까요?

그동안 바쁘게 달려왔습니다. 묻지 않고 달려왔고, 뒤돌아보지 않고 달려왔습니다. 그러나 이제는 한 해의 반을 돌아서면서 다시 한번 새로운 발돋움을 위해 준비해야 할 때가 아닐까요?

오늘도 말씀하십니다.

"그 신을 벗으라."

"해품달"에 열광하는 이유

〈해. 품. 달.〉 많은 사람의 관심을 받던 드라마입니다.

흥미 있는 줄거리, 화려한 소품들, 10대부터 80대까지를 사로잡았다는 멋있고 예쁜 주인공들. 사람들의 관심을 끌 만한 이유라고들 이야기합니다.

오랜만에 꼬박꼬박 챙겨보는 드라마가 생기면서 흥행의 이유를 생각해 보았습니다. 많은 사람이 좋아하고 그 시간을 기다리는 이유는 복잡한 데 있지 않습니다.

나름 몇 가지를 정리해 보면 다음과 같습니다.

첫째, 누구나 이상으로 여기지만 현실에서는 쉽지 않은 사랑의 모습을 보여주기 때문입니다. 8년 동안 한 여인을 잊지 못하고, 자신이 지켜주지 못한 것에 대하여 가슴 아파하고 그리워합니다. 그리고 다른 사람의 입을 통하여서라도 자신이 못다 한 한마디, "많이 많이 좋아했노라"고 전해달라 하고요. 이 대목에서 감동하지 않을 사람이 몇이나 있을까요. 만남도 이별도 너무 쉬운 오늘날이지만, 누구나 다 하고 싶은 사랑의 모습을 보여줍니다.

둘째, 권선징악이라는 단순한 주제입니다. 어린 시절 읽었던 동화들이 가지고 있는 너무 흔한 주제죠. 그러나 어린 시절 배웠던 그러한 주제들이 그야말로 소설의 이야기가 되어버린 것이 바로 오늘날의 현실입니다. 비록 판타지를 통해서 이루어 내고 있지만, 선한 것이 이긴다는 것을 이야기하고 있지 않은가요? 어찌 보면 당연하고 흔한 이야기이지만, 오늘날 다시 확인받고 싶은 주제가 아니었던가요?

세 번째는 변방 사람들의 등극입니다. 들에 핀 잡초만도 못하다고 하찮게 여겨지는 무녀와 왕과의 사랑 이야기입니다. "들에 핀 잡초만도 못한 인생이나 왕에게는 한 명의 백성이고 싶다"라는 대사가 나옵니다. 무녀, 하인, 내시…, 삶의 변방에서 엑스트라와 같은 취급을 받던 인물들이 극의 주인공으로 등장합니다. 그간 단 한 줄로 표현되는 삶의 스토리였다 할지라도 그 스토리 또한 한 편의 소중한 스토리임을 보여 줍니다.

단순하고 당연한 이야기인데 매력적입니다. 상식적인 것이 상식적이지 않게 된 현실에서 하나의 출구를 보여 주기 때문입니다.

정정당당, 승리보다 소중한 가치

스포츠 경기를 볼 때마다 생각나는 사람이 있습니다. 바로 프랑스 전 지방을 일주하는 사이클 대회인 '뚜르 드 프랑스' 2003의 얀 울리히Jan Ulich입니다. 우승자인 랜스 암스트롱이 고환암을 이겨내고 5연패를 달성한 시합으로 유명합니다. 그러나 그보다 더 큰 감동을 준 것은 바로 2위를 차지한 얀 울리히입니다. 계속 1위를 달리던 랜스 암스트롱이 관중에 걸려 넘어지는 순간은 그에게 1위를 할 수 있는 절호의 기회였습니다. 그러나 얀 울리히는 넘어진 암스트롱의 옆에서 그가 일어나기를 기다립니다. 그리고 그가 일어나자 다시 달리기 시작했고, 결국 랜스 암스트롱이 우승하고 자신은 2위를 합니다.

그는 은퇴하면서 다음과 같이 말합니다.

"나는 오늘 프로 싸이클리스트로서의 경력을 마감하려고 합니다. 나는 싸이클리스트로서 단 한 번도 속임수를 쓴 적이 없습니다."

누가 메달을 따고, 몇 등을 하고, 좋은 성적을 거두었는가 하는 것을 기억하는 것도 필요하겠지요. 그러나 더 중요한 것은 올림픽의 정신입니다. 정직한 승리를 일구어 내고 정정당당히 패배를 인정하는 것, 협동과 소통을 통해 규율과 원칙을 배워가는 것, 고독과 외로움 속에서 자신을 이겨내는 것, 패배했어도 다시 도전하는 것과 같은 정신입니다.

철학자 피타고라스는 인간의 유형을 올림픽 게임에 비유하면서 다음과 같이 이야기하였습니다. 올림픽 경기장은 세 부류의 사람이 있다는 것이지요. 첫째, 관중

에게 물건을 파는 사람들로서, 물질적 이득을 목적으로
그곳에 갑니다. 둘째, 선수들로서, 게임에 이겨서 영예
를 얻으려는 목적을 갖고 있습니다. 셋째, 관중으로서,
본인이 원해서 경기를 관람하고 게임을 즐기려는 사람
들입니다. 이들에게는 별다른 경제적, 심리적 압박이
없기에 선수들 및 경기장의 일거수일투족을 모두 살필
수 있고, 세 부류 중 가장 행복하다고 할 수 있습니다.
금전적인 이익과 영예와 같은 일종의 삶의 '예속'을 벗어
나서 스스로의 '행위'에 의해 삶을 즐기는 것이 가장 아
름다운 순간이라는 것이지요.

스스로의 행위에 정직하고, 만족하고, 순간을 즐기
고 있는가요? 우리에게 던지고 간 올림픽의 질문입니다.

기독교교육학자인 호레스 부쉬넬은 기독교 가정 교
육의 중요한 방법 중 하나로 "놀이"를 이야기합니다. 놀
이를 통해서 하나님 나라의 정신을 배울 수 있다는 것입
니다. 놀면서 대화하는 것을 배웁니다. 놀면서 양보하
는 것을 배웁니다. 놀면서 이기는 법도 배우지만 지는
법도 배웁니다. 놀면서 타인과 함께하는 방법을 배웁니

다. 결국 올림픽 경기도 이러한 정신을 배우는 놀이의
장인 것입니다.

　우리의 삶도 마찬가지입니다. 다른 사람과 어울려
함께 즐거워할 수 있을 때 승리보다 중요한 삶의 가치를
배우는 것입니다.

동행하는 삶을 위하여

절친한 친구 사이인 두 사람이 어느날 길을 가다가 불량한 상급생을 만났습니다.

상급생은 평소 맘에 들어 하지 않던 한 친구를 심하게 때렸습니다. 옆에 있던 다른 친구는 몸도 약하고 힘도 없었습니다. 그렇지만 그 친구는 상급생에게 다가가 큰 소리로 물었습니다.

"도대체 얼마나 더 때릴 것입니까?"

상급생이 눈을 부라리면서 그걸 왜 묻느냐고 소리쳤

습니다.

몸이 약한 친구가 대답했습니다.

"제가 반을 대신 맞아 주려고요."

헨리 나우웬은 그의 저서 『긍휼』에서 우리 시대의
가장 비극적인 현상을 무관심과 분노로 봅니다.

무관심이란 우리가 이전의 어느 때보다도 세계의 고
난과 고통에 대해서는 많이 알고 있으나, 그것에 반응하
는 비율은 점점 더 낮아지고 있다는 것입니다. 라디오,
텔레비전, 신문 덕택에 우리는 세계에서 일어나는 일들
을 모두 알고 있지요. 그러나 많이 듣는 만큼 무관심해
지고 있습니다.

더 나아가 인간의 참상에 과도하게 노출되면서 심리
적 무감각뿐 아니라 분노를 갖게 된다고 합니다.

"어차피 그것에 대해 내가 아무것도 할 수 없는데 도대
체 왜 날 못살게 구는 거요?"

인간의 고통에 직면하는 동시에 우리의 무력함을 상기할 때, 우리는 우리 존재의 핵심을 공격당한 느낌을 받고 뒤로 주춤하면서 무감각과 분노로 자신을 방어한다는 것이지요.

영화 〈아름다운 세상을 위하여〉의 주인공 트레버가 해야 했던 과제가 떠오릅니다. 갓 중학교에 입학한 소년 트레버는 사회 시간에 시모넷 선생님으로부터 기묘한 과제를 받습니다. 세상을 좀 더 나은 모습으로 변화시키기 위해서 스스로 어떤 실천을 할 것인지 계획하라는 것이지요. 트레버는 그 숙제를 심각하게 받아들이고 심사숙고한 끝에 기발한 아이디어를 생각해 냅니다.

"Pay It Forward."

한 사람이 세 명씩을 도우면 그 사랑의 릴레이는 이 세상을 아름답게 바꿀 것이라는 생각이지요. 그의 과제는 번번이 좌절되고 실패되는 듯하지만 결국 세상의 한 구석을 아름답게 변화시키는 작은 빛이 됩니다. 바이런과 트레버가 그러했던 것처럼 '공감', '연민', '동행', 이러한 가치들이 필요한 때입니다.

주인공의 얼굴

"넌 원래 주인공의 얼굴이었어."

영화 〈써니〉에 나오는 대사 중 하나입니다. 〈써니〉에는 일곱 친구의 학창 시절 이야기가 나옵니다. 선생님께 야단맞고, 수업 시간에 졸고, 친구들과 패싸움을 해도 꿈은 찬란하기만 합니다. 그리고 꿈을 향해 가는 과정의 좌충우돌 여정을 '의리'로 함께 하자고 합니다. 시간이 흘러 40살이 넘은 나이에 그들이 다시 만납니다. 팽팽한 웃음과 찬란한 꿈은 사라지고 정직하되 무심한 현실만이 그들 앞에 있습니다. 시한부 환자가 된 사업가, 미스코리아 미모로 술집 종업원이 되고, 명품백은 사주지만 눈길은 안 주는 남편의 아내. 그러한 삶들입니다. 학창 시절 친구들을 만나면서 그들은 잃었던 꿈을 찾아가기 시작합니다. 그리고 이야기합니다. "우리 모두는 자기만의 역사가 있는 인생의 주인공들"이라고….

많은 사람이 이 영화를 보면서 눈물을 흘리고, 친구들의 손을 잡고 다시 찾는 이유가 바로 거기에 있는 것 같습니다. 주위를 보면 온통 막막한 현실뿐입니다. 미궁에 빠져드는 경제, 소통하지 못하는 정치, 교회의 분열과 다툼. 우리가 바라보아야 하는 희망은 어디 있는지 현실은 정직하다 못해 헛헛하기까지 합니다.

나폴레옹이 세인트헬레나섬에 유배되었을 때 공부한 영어 노트가 발견되어 1,500만 원에 경매로 팔렸습니다. 그는 자기를 패하게 한 영국을 더 잘 알기 위하여 감옥 안에서 영어 공부를 시작합니다. 40살이 넘은 나이에 말입니다.

영어 시험에 run의 과거형을 runed로 표기해 틀린 것도 나옵니다. 노트 곳곳엔 공부하는 것이 지루한지

낙서한 흔적들도 남아 있습니다. 그러나 그는 포기하지 않았습니다. 새로운 기회를 준비하였던 것이겠지요. 자기 삶의 주인공 자리를 지키면서 말입니다.

나폴레옹의 찢어진 영어 노트 이야기를 보면서 '호모 노마드'를 생각하게 되었습니다. 한곳에 정착하지 않고 늘 새로운 곳을 삶의 터전으로 삼았던 사람들을 의미합니다. 그러고 보면 베드로도, 바울도, 아니 우리의 예수님도 정처 없는 삶을 살았던 사람들입니다. 결코 녹록하지 않은 현실이 일상이었던 사람들입니다. 그러나 하나님이 주신 꿈을 버리지 않았을 때 그들은 삶의 역사를 기록해 가는 주인공이 되었습니다. 여전히 흐린 하늘로 하루를 시작하는 오늘, "너는 주인공의 얼굴이야"라고 외쳤던 어느 여배우의 대사가 새삼스럽습니다.

가을이 가르쳐주는 것들

10월의 끝자락에 학생들과 함께 계룡산에 올랐습니다. 산자락마다, 계곡마다 가을의 절정을 이루는 단풍이 한창이었습니다. 가파른 산행이 결코 쉽지 않았지만, 가을을 새롭게 느끼는 시간이었습니다. 그러나 무엇보다도 잊고 살았던 내 안의 '경이감'이 살며시 고개를 들며 나오고 있었습니다. 일상의 쳇바퀴 속에 허덕이면서 감사도 경이감도 잊고 살았던 것입니다.

신학자 마이클 프로스트Michael Frost는 현대인들이 일상생활 속에서 경이감을 상실해 가고 있는 이유를 세 가지로 이야기합니다.

첫째, 목표 지향적이며, 결과 중심적이며, 성취 중심적이기 때문이라는 것입니다. 어떠한 일을 통해서 성찰과 진리와 미를 체험하기보다는 '어떤 일을 성공'해야 한다는 의무감에 시달린다는 것입니다. 진리와 아름다움에 진정으로 경이감을 느끼는 순간들은 사라지고, 기술적이고 결과 지향적인 모습으로 변해가고 있다는 것입니다. 둘째, 지나친 자기 몰입입니다. 자기중심적인 삶으로 치닫다 보니 타인도 자연도 자신의 필요를 채워줄 사람인지 아닌지, 나에게 유익이 되는지 아닌지, 자신의 이익과 관련해서 생각한다는 것입니다. 이런 경우 자기중심적인 생각이 지배하여 모험을 요구하거나 도전하는 마음이 닫히게 된다는 것입니다. 셋째, 합리성을 기준으로 모든 것을 설명하려 한다는 것입니다. 엄격한 지적 판단 기준이나 기술적 이성에 속박되어 정확하게 측정되고 예측되며 설명될 수 있는 것에만 관심을 가질 뿐 불확실한 것에는 관심 갖지 않는다는 것입니다.

그러나 랄프 왈도 에머슨은 〈성공이란 무엇인가?〉라는 시에서 이야기하지요. "자주 그리고 많이 웃고…

아름다움을 식별할 줄 알고⋯ 다른 이에게서 최선의 것을 발견해내며⋯ 자신이 한때 이곳을 살았음으로 해서 단 한 사람의 인생이라도 행복해지는 것", 그것이 성공이라고요.

급히 달려오다 보니 매일 만나는 사람들의 소중함을 잊고 살았습니다. 무엇인가 이루어야 한다는 조급증 때문에 이미 가지고 있는 것들의 소중함을 발견하지 못했습니다. 결승점만을 바라보다 보니 내 앞에 펼쳐진 자연의 친절한 신비들을 지나쳐버렸습니다.

가을의 나무들은 우리에게 초연히 이야기합니다. 시간의 흐름 속에 정직하게 꽃을 피우고, 폭풍을 견디어 곱디고운 색들을 입었노라고 그리고 이제는 아쉬움 없이 그 잎새들을 떨구어 낸다고⋯.

가을은 우리에게 여백의 시간을 가질 것을 이야기하는 계절입니다. 그래서 감사의 조건들을 발견하고 삶의 변두리의 소소함 속에서 경이감을 발견하라고 말합니다. 그리고 좀 더 가볍게 우리의 길을 가라고 안내합니

다. 너무 많은 물건, 생각, 욕망…, 이것으로부터 조금
더 자유로워질 것을 우리에게 가르쳐 줍니다. 가을 끝자
락의 낙엽 한 잎이 가르쳐 준 지혜입니다. 낙엽은 참으
로 경이롭습니다.

온전한 돌봄

누구에게나 피할 수 없는 인생이 길이 있다면 그것은 죽음입니다.

이른 나이에 세상을 떠난 스티브 잡스도 "인생의 가장 큰 발명이 있다면 죽음이다"라고 하였고, 매일 아침 거울 앞에서 "오늘이 마지막 날이라면 나는 무엇을 할 것인가?"를 질문했다고 합니다.

이렇듯 모든 사람이 한 번은 맞이해야 하는 인생의 여정이고 또한 사랑하는 사람을 떠나보내야 하는 것이 삶의 필연적인 과정입니다. 그렇기에 아름답게 죽음을 맞이하는 일, 사랑하는 사람을 떠나보낸 상실감을 잘 극복할 수 있도록 돕는 일은 참으로 중요합니다.

2011년 2월 우리 가족은 더 이상 호전될 수 없는 상태인 어머니께서 인생의 마지막을 최소한의 고통 속에서 잘 마무리할 수 있도록 돕기 위한 결정을 했습니다.

호스피스 병동의 특징은 그 누구도 살아서 나가는 사람은 없다는 것입니다. 그들에게 동일한 결과는 죽음입니다. 그렇기에 같은 병실에 누워 있던 사람이 어느날 생을 마감하는 것을 눈으로 보면서 그렇게 하루하루를 보냅니다. 그곳에는 의식이 희미한 상태로 투병하는 사람부터 비교적 의식이 또렷하여 스스로 거동할 수 있는 사람들까지 있었습니다. 이제 40살이 갓 넘은 환자는 초등학교도 안 들어간 아들을 남기고 떠나야 한다는 비통함에 하루에 몇 번씩 소리를 지르며 울곤 하였습니다. 그러나 그 누구도 그들의 길을 되돌릴 수는 없었습니다. 그러나 그들이 가는 길에 좀 더 편안하고 의미 있게 생을 마감할 수 있도록 돕는 일은 할 수 있었습니다. 바로 호스피스 봉사자들이 그 일을 하고 있었지요.

하루에 한 번씩 찾아와서 함께 예배를 드리고, 가족

들을 도와 환자들을 씻기고 돌보는 일은 상실감과 두려움에 힘들어하는 환자나 가족들에게는 천사들의 손길이었습니다. 병이 길수록 사람들의 관심은 희미해지기 마련입니다. 호스피스 병동에는 찾아오는 손님도 많지 않습니다. 그러나 매일 잊지 않고 찾아주는 사람이 바로 호스피스 봉사자들입니다. 그들의 발길은 하늘이 보낸 천사들의 발길과도 같았습니다. 가장 외롭고 힘들고 고통스러운 시간을 보내고 있는 사람들, 예수님께서 그러한 자들을 찾아가셨던 것처럼 예수님의 발자취를 그대로 따라가는 것이 바로 호스피스의 발자취였습니다.

어머님이 하늘로 떠나시고 한 달 뒤, 호스피스 병동에서 한 통의 편지가 왔습니다. 가족들의 상실감과 슬픔을 돕기 위한 프로그램에 참석할 수 있다는 초대의 편지였습니다.

사랑하는 이들을 보내고 난 뒤 그 가족들이 경험하는 슬픔과 상실감은 장례식이 끝난다고 끝나는 일은 아닙니다. 장례 예식 뒤에 사람들이 모두 돌아간 후, 그 순간까지 남겨진 가족들의 온전하고 건강한 삶의 출발

을 위하여 또 한 번의 손길을 내미는 것, 그것이 온전한
돌봄의 모습입니다.

불편한 진실,
진실한 불편

물가가 심상치 않다고 합니다. 무엇보다도 우리나라의 식량 자급률이 OECD 어느 국가보다도 취약하다는 것이 가장 큰 우려입니다. 물가의 상승이 가장 먼저 식탁에서 시작되는가 봅니다. 지구 생태계의 급격한 파괴, 경작 농지의 감소, 기후의 이상 현상 등은 몇 년 전부터 삶의 가장 기초적인 식량 자급에 대한 우려와 함께 이에 대한 대책의 시급함을 보여 줍니다.

언젠가 빵 한 조각을 사기 위해 가방 한가득 돈을 담아 와 줄 서 있는 사람들의 모습이 담긴 그림을 본 적이 있습니다. 물론 사안의 시급함을 알리기 위한 비약이 있긴 하여도 결코 무심히 넘길 일은 아닌듯합니다. 이것은 오늘 우리가 맞이하고 있는 불편한 진실입니다.

우리 사회가 발달해 가고 경제가 성장해 간다고 하지만, 오늘날 우리는 가장 기초적인 삶의 생존권 문제에 당면하는 위기를 맞고 있습니다. 이러한 때 우리는 하나님이 우리에게 명하신 "다스리고 지배하고 정복하라"는 말씀의 의미를 다시 생각해 보아야 합니다. 바로 '정원사'로서의 삶을 살라는 하나님의 명령입니다. 가꾸고 아끼고 또한 더불어 사는 삶의 정신을 창조의 시작에 하나님께서는 명령하신 것입니다.

지구가 아프다고 합니다. 흙이 숨을 쉴 수 없다고 합니다. 북극이 눈물을 흘리며 녹아내리고 있습니다.

풍성한 결실을 이야기하는 오늘, 10월에 우리는 하늘과 나무와 땅이 이야기하는 소리에 귀 기울여야 합니다. 이 가을이 우리에게 아직 열매를 주고 있을 때 그

소리에 귀 기울여야 합니다. 그리고 조금은 불편한 삶을 선택해야 합니다.

불편한 진실을 해결하는 방법은 진실한 불편에 있습니다. 겨울이 지나고 봄이 와야 하는 때, 봄이 침묵하는 그날이 올 수도 있기 때문입니다.

3장

나는 은하수로
지어졌네

세상에서 가장 아름다운 키스

영화 〈버킷 리스트〉에는 시한부 인생을 살고 있다는 것이 공통점인 그러나 지나온 삶은 너무나도 다른 두 남자가 나옵니다.

가난했지만 꿈 많았던 청년 시절 아내를 만나고 늦둥이 두 딸과 아들을 위해 자동차 정비공으로서 부지런하고 성실하게 살아온 가장인 카터.

그리고 15살 때부터 일을 시작해 돈의 가치를 일찍 알아 자본력을 키우는 데 모든 에너지를 소비한 사람. 그래서 네 번의 결혼과 네 번의 이혼 경력 속에 재벌의 자리에 있으나 얼마 남지 않은 생의 언저리에서 그 누구도 찾아와 주지 않는 사나이 에드워드.

두 사람은 인생의 죽음을 목전에 두고 남은 시간 동안 자신들이 가장 하고 싶은 일을 적은 '버킷 리스트'를 가지고 세계 여행을 시작합니다. 두 사람의 버킷 리스트는 세계 여행을 하면서 하나하나 지워져 가지만, 카터가 먼저 생을 마친 뒤 홀로 남겨진 에드워드의 버킷 리스트에는 세 개의 목록이 남아 있습니다.

"세상에서 가장 아름다운 여인과 키스하기."
"모르는 사람 도와주기."
"세상에서 가장 장엄한 광경 보기."

에드워드는 오래전 헤어진 딸을 찾아 만나고 손녀의 반가운 환대와 입맞춤 속에서 버킷 리스트의 또 하나의 목록이 지워지게 됩니다.

"세상에서 가장 아름다운 여인과 키스하기."

그토록 갈망했던, 그러나 너무도 오랜 망설임 끝에 이루어진 키스였습니다.

그러나 우리는 마치 돌아가는 레코드판 위에 올라서 있는 사람들처럼 수첩에 빼곡히 적힌 약속과 일정을 위해 오늘도 달려야 합니다. 그래서 늘 내 옆에 있는 가장 아름다운 사람들과의 키스는 영원할 듯한 내일로 미루고 있는 것은 아닌지요.

선물(present) 받는 법

1월은 선물입니다. 새롭게 시작할 수 있는 마음과 시간을 선사합니다. 시간의 경계선을 그어 놓고 산다는 것이 얼마나 다행인지요. 작가 존 B. 아이조는 『새로운 출발선에 다시 나를 세워라 』(*Second innocence*)에서 삶의 순수를 찾기 위한 방법을 몇 가지로 이야기합니다. "중요한 것은 사소한 것에 있음을 기억하라. 떠오르는 태양을 볼 수 있는 것, 가족들과 따뜻한 식사를 나누는 것, 어제와 같이 일할 수 있는 것." 이러한 일상 속에서 행복을 발견하는 것이 중요하다는 것이지요. 열정적인 삶을 위해서는 초심을 기억하라, 진심 어린 만남을 원한다면 나의 마음을 열어라, 세상을 바꾸는 불꽃은 내 안에 있다, 나부터 변화되는 것이 중요하다…. 출발선에 선 사람들에게 주는 격려입니다.

그러나 시간은 우리에게 새날을 선사하지만, 선물(present)로 받은 오늘(present)을 과거의 포장으로 풀지 못하는 모습을 종종 발견합니다.

지난 일의 원망, 분노, 자책에 사로잡혀서 오늘을 과거 속에 매어 두기도 합니다. 오늘을 삶의 선물로 받아들이기 위해서는 과거로부터 오늘을 해방시켜야 합니다. 프레드 러스킨은 『용서』에서 새로움은 "용서"에서 부터 시작한다고 이야기합니다. 그렇습니다. 용서는 이유를 따지는 것이 아닙니다. 그것은 관대한 행위이고 인간의 불완전성에 대한 깊은 이해에 바탕을 두는 것입니다. 용서를 통해서 과거의 아픈 기억에서 자유로워질 수 있습니다. 또한 오늘을 가치 있고 의미 있게 누릴 수 있습니다.

이와 더불어 내일에 대한 두려움의 끈을 놓아야 합니다. 심리학자 어니 젤린스키는 다음과 같이 이야기합니다.

"우리가 하는 걱정거리의 40%는 절대 일어나지 않을 일이고, 30%는 이미 일어난 일들이며, 22%는 사소한 사건들, 4%는 우리가 바꿀 수 없는 일들, 오직 4%만이 우리가 대처할 수 있는 진짜 사건이다."

불안정한 사회를 살아 나가는 우리에게 두려움과 불안은 당연한 일입니다. 그러나 '만약에'라는 두려움이 오늘의 삶을 대신하게 해서는 안 되겠지요.

지금 내가 있는 곳, 지금 만나는 사람, 지금 하고 있는 일, 이 안에 담긴 선물을 지금 받으시길 바랍니다.

너희는 이전 일을 기억하지 말며 옛날 일을 생각하지 말라. 보라 내가 새 일을 행하리니 이제 나타낼 것이라. 너희가 그것을 알지 못하겠느냐 반드시 내가 광야에 길을 사막에 강을 내리니(사 43:18-19).

목련에서 발견한 은총

딸아이가 묻습니다. 학교에서 과학 상상화를 그려야 하는데 무엇을 그리는 것이 좋겠냐는 겁니다. 그래서되물었지요.

"너는 무엇이 그리고 싶나?"
"하늘을 나는 자동차와 터치 하나로 모든 것이 조정되는집과 알약으로 된 식량을 그리고 싶나?"

딸아이가 말이 없습니다. 잘 모르겠다는 것이지요.내친김에 이야기합니다.

"엄마는 앞으로 과학이 해야 할 일은 북극의 곰들이 다시 맘 놓고 얼음 위를 걸을 수 있도록 해 주는 것이라 생각해."

봄이 오면 개구리들이 풀숲 개울에서 뛰어놀고, 지천으로 흐드러진 진달래 꽃잎으로 화전을 부치고, 우산 없이 나간 외출을 핑계 삼아 오는 비를 맘껏 맞아도 방사선 오염 걱정을 안 할 수 있는 그런 모습으로 되돌려 놓는 것이 필요하다고 이야기했습니다.

혹독한 겨울을 지내고 어김없이 목련이 피었습니다. 아무것도 해 준 것 없는데도 목련은 시간이 되니 또다시 우리 곁을 찾아와 주었습니다. 아무것도 안 해서…. 그 때문에 우리 곁에 다시 와 준 것 같습니다.

신학자 숀 코플래드는 믿음을 갖는다는 것은 "삶에는 예, 파괴에는 아니오"라고 과감하게 대답하는 것이라고 이야기합니다.

그런데 현대 사회를 살아가는 우리는 늘 삶의 선택

앞에서 우유부단합니다. 그것은 다음과 같은 이유 때문이라고 합니다.

눈에 보이는 것을 무제한으로 선택하고 싶은 욕망에 매이게 하는 현대의 소비지향적 문화, 우리의 주체성과 인격을 많이 소유와 부로서 측정하고자 하는 물질주의적 사고방식. 또한 "아니오"라고 대답할 때 누군가에게서 멀어지는 두려움 때문에 집단적인 문화 속에 안주하고 싶어 하는 경향성 때문이지요.

믿음을 가지고 산다는 것은 생명에 민감한 것을 의미합니다. 같이 더불어 사는 생태적 동반자들(eco-fellows)과 온전한 삶을 이루어 가는 것을 말하는 것이지요. 하나님이 우리에게 베풀어 주신 '붉은 은총'(Red Blessing, 구원 은총)에 응답하는 삶은 곧 '초록 은총'(Green Blessing, 창조 은총)의 감동을 일상 속에 구현하며 사는 삶입니다.

마른 작대기에도 꽃이 피게 한다는 청명입니다. 자연의 생명력이 그만큼 풍요로운 때지요.

4월은 하나님이 창세기를 다시 쓰신다는 계절입니

다. 푸른 하늘 아래 흐드러진 목련꽃 송이 송이에서 오늘도 베풀어 주시는 하나님의 초록 은총을 발견합니다.

희망을 노래한다

케냐에서 온 어린이 합창단 공연을 본 적이 있습니다. 그들은 케냐의 수도 나이로비에서 쓰레기를 모아 놓는 곳, 고로고초에 삽니다. 하지만 그들에게는 뽀얀 먼지와 역겨운 냄새가 문제가 아닙니다. 쓰레기 더미에서 먹을 것을 찾을 수 있는가 없는가, 그것이 문제입니다.

쓰레기를 뒤져야만 하루를 살 수 있는 아이들, 그들에게는 내일이 없었습니다. 있다 하여도 꿈이니, 희망이니 하는 이야기를 할 수는 없었습니다.

그러나 한국에서 온 한 명의 선교사를 만나면서 새로운 꿈을 만납니다. 쓰레기를 뒤지던 그들은 노래를 배우기 시작합니다. 선교사의 따스한 손길은 삶의 새로운 이정표가 됩니다. 화음을 맞추어 사람들 앞에서 노래할 때 그들을 향한 따스한 시선 속에서 희망을 발견하기 시작합니다.

그들은 〈하쿠나 마타타Hakuna matata〉(스와힐리어, "걱정 거리가 없다"라는 뜻)를 노래하였습니다. 그리고 자신의 꿈을 이야기하였습니다.

"의사가 되어서 제가 도움 받은 것처럼 어려운 사람을 돕고 싶어요."

"선생님이 되어 아이들을 가르치고 싶어요."

"디자이너가 되고 싶어요"

언젠가 방송에 출연한 지라니 단원 중 한 아이가 이렇게 이야기하였지요.

"내일을 생각할 수 없었는데 이제는 꿈을 이야기할 수 있게 되었어요."

하루 24시간, 1년 365일을 동일하게 선물 받은 것 같으나, 내일을 향해 나아가기에 너무나 버거운 삶들이 많이 있습니다.

하버드 2학년인 학생이 있었습니다. 그는 당시 교지에 "역설의 진리"라는 제목으로 글을 썼습니다. 역설적 삶을 위한 열 가지 인생 지침에 대한 이야기입니다. 20대 청년의 눈으로 본 세상은 온통 미친 것 같았습니다. 탐욕과 경쟁과 소외, 자신이 멈추게 하기에는 힘겨운 세상을 향해 그는 한 편의 글로 외칩니다.

"사랑보다는 물질이 우선되는 세상이지만 그래도 사랑하라, 선행을 베풀어도 알아주지 않는 세상이지만 그래도 친절하라, 사람들은 약자에게 호의를 베푼다. 결국은 힘 있는 사람 편에 서지만 그래도 소수의 약자를 위해

분투하라….”

대학 2학년생의 작은 글이었습니다. 그러나 30년이 지난 후 놀라운 일이 생깁니다. 마더 테레사의 삶에 대한 글, 『마더 테레사: 소박한 인생 여정』이라는 책에서 자신의 글의 일부가 발견된 것입니다. 출처는 "켈커타의 어린이집 벽에 새겨진 글"이라고 되어 있었지요.

30년 전 그가 쓴 글이 민들레 홀씨처럼 퍼져나가 켈커타의 어린이집에, 누군가에 의해 기록되었던 것입니다. 그리고 다른 사람들이 매일 되새기며 묵상하는 글이 되었던 것입니다. 한 편의 글이 돌고 돌아 다른 사람의 마음을 움직이는 글이 되어 그 누군가의 삶의 빛이 되어 주었던 것입니다. 그 학생은 바로 켄트 케이스이고 역설의 진리는 『그래도 Anyway』라는 책으로 다시 태어납니다.

우리는 인생을 총론으로 이야기해야 합니다. 궁극적 가치, 의미, 목표, 이러한 것을 총괄적으로 설명하며 살아야 합니다. 그러나 오늘은 각론적으로 살아야 합니다. 삶의 문제를 이야기하고 해결책을 모색할 때 각론을 이야기해야 합니다. 발걸음을 떼는 것은 한 번에 한 걸음일 수밖에 없습니다. 그러나 한 걸음을 떼지 않는다면 우리는 영원히 앞으로 나아갈 수 없을 것입니다.

한 사람의 눈물과 수고와 헌신이 지라니의 어린이들에게 〈하쿠타 마타타〉를 노래하게 했듯이, 한 편의 글이 세상을 돌아다니며 새로운 등불이 되어 주었듯이 우리 삶의 각론을 이야기해야 할 때입니다. 우리 사회 노블리스 오블리제noblesse oblige의 각론은 어디서 시작되어야 할까요? 내 삶의 각론을 고민하기 시작할 때, 우리의 삶이 "그래도, 하쿠타 마타타"를 부를 수 있지 않을까요?

진정한 품격

20세기의 아름다운 영화배우였던 오드리 헵번은 말년에 세상을 떠나면서 아들에게 다음의 시를 유언으로 남깁니다.

Time tested Beauty

매력적인 입술을 가지고 싶다면 친절한 말을 하라.

사랑스러운 눈을 가지고 싶다면 사람들 안에 있는 선함을 발견하라.

날씬한 몸매를 가꾸고 싶다면 배고픈 이들과 먹을 것을

나누어라.

아름다운 머릿결을 가지고 싶다면,

어린아이가 하루에 한 번은

당신을 머리를 만질 수 있도록 하라.

균형 잡힌 자세를 가지고 싶다면,

당신이 절대 혼자 걷고 있지 않다는 것을 기억하라.

사람들은, 상처로부터 회복되어야 하고,

과거로부터 새로워져야 하고, 생기를 되찾아야 하고,

치료되어야 하고, 회복되어야 한다.

그 누구도 포기해서는 안 된다.

기억하라, 네게 도움의 손길이 필요한 순간이 온다면,

너는 네 스스로의 팔 끝에서 그것을 발견할 것임을.

나이를 먹어 갈수록 너는 네게 두 손이 있다는 것을 깨닫게 될 것이다.

하나는 너 자신을 위하여 그리고 다른 하나는 남을 위하여….

_ 샘 레븐슨(Sam Levenson)

오드리 헵번은 누구에게나 아름다운 배우로 기억됩니다. 그러나 무엇보다도 아름다움이 무엇인지를 삶을 통해 보여 주는 배우였습니다. 그래서 지금까지도 많은 사람의 존경을 받습니다. 그녀는 유니세프 홍보대사로 활동하면서 뙤약볕이 내리쬐는 아프리카에서 몸을 일으킬 힘도 없는 난민촌 어린이들 앞에 무릎을 꿇고, 눈을 맞추고, 그들의 손을 잡아 주었습니다. 그들의 어려움을 세상에 알리는 데 힘썼습니다. 그녀는 성형 수술을 통하여 사라지는 젊음을 붙잡으려 하지 않았습니다. 아름답게 나이 듦에 대하여 가르쳐 주었고, 우아하고 의미 있는 삶이란 무엇인지에 대하여 말해 주었습니다.

아름답고 우아한 삶은 누구나 가고 싶어 하는 인생의 길입니다. 그 길은 과연 어디에 있는 것일까요?

"날씬한 몸매를 가지려면 배고픈 자들과 가진 것들을 나누라."

이 한 구절에 귀 기울여야 하는 때입니다. 이 길이 바로 세월이 흐를수록 더해가는 아름다움의 길이 아닐까요?

가을 편지

"힘내세요~~ 당신의 편이 되어 드릴게요. ㅎㅎ."

보낸 이의 이름은 '우맹희'였습니다.

스팸 메일이라는 것을 짐작하면서도 왠지 열어보고 싶었습니다.

가끔 연락을 보내는 지인이 사용하는 글귀와 비슷한 까닭도 있었고, 하루 수십 통의 이메일 중 안부 메일은 찾아보기 힘든, 그런 헛헛함 때문이었는지도 모릅니다.

역시나… "1만 원으로 16억 만들기"였습니다.

아침에 메일함을 열면 밤사이 온 스팸 메일들이 수북이 쌓여 있습니다.

○○쇼핑, ○○생명, ○○백화점. 많은 서비스를 준비하고 있다고 친절하게 안내합니다. 열어보지도 않고 지우는 메일이 절반 이상입니다. 그런데 오늘은 혹시나 하며 편지함을 유심히 살핍니다.

18년간 유배 생활을 하면서도 한순간도 붓을 놓지 않았던 다산 정약용은 조선 후기 최고의 학자로 손꼽힙니다. 그러나 무엇보다도 그의 편지 속에서 정 깊은 동생으로, 올곧은 스승으로, 따뜻한 아버지로서의 모습을 발견하게 됩니다.

흑산도에서 유배 생활을 하는 형 정약전에게는 형의 처지를 안타까워하며 음식을 어떻게 해서 먹는 것이 좋다는 것까지 자세히 설명하는 우애를 보여 줍니다.

몰락한 가정의 아버지로서 아들들에게는 자식을 돌보지 못하는 아버지의 절절한 안타까움과 함께 늘 학문과 우애와 효를 잊지 말 것을 당부합니다.

제자들에는 과거시험을 게을리하지 말 것과 가난을 극복하기 위해 뽕나무를 심어 누에를 치어 가사를 도우라는 당부까지 자세히 하고 있습니다(정약용, 『유배지에서 보낸 편지』 중).

아마도 가족과 제자들은 편지를 통해 정약용을 만나고, 그 음성을 듣고, 그 모습을 보았을 것입니다.

J. 네루도 감옥에서 열세 살 딸에게 보낸 편지를 통해 역사를 바로 보는 시각과 올바른 리더십에 대하여 알려 주었고, 18세기 영국의 정치가 필립 체스터필드는 편지로 자녀들에게 삶의 길을 알려 줍니다.

어디 그뿐인가요.

"나는 온 마음을 다해 그대를 믿습니다. 그 믿음이 나를 지탱하고 있습니다…."

슈만이 클라라를 향해 보낸 그 애절한 연서는 슈만의 예술의 근원을 보여 주기도 합니다.

무엇보다도 사도바울이 절절하고도 진정한 마음으로 교회를 향해 보낸 편지들이 오늘날 우리에게도 신앙의 길을 알려주고 또 그 길을 갈 수 있는 용기를 주고 있지 않은가요?

오늘, 그 누군가도 어디선가의 편지를 기다리고 있지 않을까요? 용기와 위로와 희망이 필요해서 말입니다.

용서와 화해

헤밍웨이의 단편 모음집 중에 다음과 같은 이야기가 나옵니다.

어느 스페인 아버지가 집을 나가 마드리드로 간 아들과 화해하기로 결심합니다. 아버지는 그동안 자신이 아들을 용서하지 못하고 있었음을 가슴 아파하며 신문에 광고를 내었습니다.

"파코, 화요일 정오에 몬타나 호텔에서 만나자. 다 용서했다. 아빠."

파코는 스페인에서 아주 흔한 이름이라고 합니다.

아버지가 그날, 그 시에, 그곳에 나가자 그곳에는 파코라는 이름의 젊은 남자가 무려 800명이나 나와서 저마다 아버지를 기다리고 있었다는 것입니다.

용서와 화해. 오늘날 우리의 삶 속에 가장 절실히 요구되는 단어입니다.

예수님에게 서기관들과 바리새인들이 가녀린 한 여인을 끌고 왔습니다. 음행 중 현장에서 잡힌 여인이랍니다. 모세의 법에 의하면 그녀는 돌에 맞아 죽어야 하는 운명입니다. 이유가 무엇이건 가장 수치스러운 죄목으로 사람들 앞에 놓인 그 여인을 예수님은 연민의 눈으로 바라보셨습니다. 그리고 기세등등하게 분노의 눈빛을 하는 사람들을 바라보셨습니다. 그리고 말씀하십니다.

"죄 없는 자가 먼저 돌로 치시오."

예수님의 그 말씀에 나이 많은 이로 시작하여 젊은

이에 이르기까지 모두 돌아가고 여인과 예수님만 남습니다.

예수님이 말씀하시지요.

"나도 당신을 정죄하지 않겠으니 다시는 죄짓지 마시오."

"요즘 세상이 왜 이래!" 누구나 한 번쯤은 탄식처럼 내뱉었을 이야기입니다. 사회에서 벌어지는 일들을 보면서 우리는 드라마를 보는 것처럼, 그래서 나는 거기에서 빠져 있는 것처럼 이 모든 것이 다른 사람들의 잘못 때문이라고 생각합니다. 그래서 언제든 던질 돌 하나쯤은 모두 가지고 있지요.

예수님이 오셔서 우리에게 손 내미실 때 내가 손에 들고 있어야 하는 것은 무엇일까요? 정녕 우리 두 손에는 돌만 가득 들고 있는 것은 아닐까요?

트랙 위에 계신 예수

  1968년 어둠이 깔린 멕시코의 메인스타디움에 다리에 붕대를 감고 지친 모습으로 들어오던 한 사나이가 있었습니다. 올림픽의 꽃이라 불리는 마라톤. 5,000마일 먼 탄자니아에서 멕시코까지 온 마라토너 존 스티브 아쿠와리는 출발선과 얼마 떨어지지 않은 곳에서 옆에 있는 선수와 부딪혀 그만 넘어지고 맙니다.

  그리고 다리 골절로 도저히 달릴 수 없다는 진단을 받습니다. 고통과 절망의 눈물이 두 눈에 흘렀습니다. 그러나 주위의 만류에도 불구하고 그는 몇 번씩 넘어지면서도 계속해서 달렸습니다. 다른 선수들이 모두 들어

오고, 어둠마저 내려앉은 시간에 그는 다리를 질질 끌면서 메인스타디움에 도착했습니다. 완주한 것입니다. 그가 도착했을 때 마지막 선수를 보고자 했던 관중들은 일제히 환호성을 지르며 큰 박수로 그를 맞이했습니다. 골절된 다리를 이끌고 완주한 이유를 묻자 그는 다음과 같이 대답했습니다.

"내 조국은 나한테 마라톤에 출전하여 출발만 하라고 5,000마일이나 떨어진 이곳에 보낸 것이 아닙니다. 끝까지 완주하고 돌아오라고 이곳에 보낸 것입니다."

그렇습니다. 시작하는 것보다 더 중요한 것은 끝내는 데에 있습니다. 한 해를 시작하면서 그 누구인들 새로운 희망을 가지지 않았을까요? 출발점에 선 마라토너처럼 신발 끈을 조이고, 호흡도 가르며 그렇게 시작했을 것입니다. 그러나 우리의 마라톤은 녹록하지만은 않았습니다.

나의 체력이 소진하기도 했으나 옆에 사람 때문에

넘어질 때도 있는 게 우리의 인생 트랙 아니던가요?

알버트 슈바이처는 이 세상을 살아가는 데는 두 가지 방법이 있다고 말합니다.

"기적 같은 건 없다고 믿으며 사는 법. 그리고 모든 것이 기적이라고 생각하며 사는 법."

부러진 다리 하나를 보기 전에 여전히 온전한 다리 하나를 보았던 그 눈빛이 바로 기적을 만드는 힘이 아니었을까요? 그리고 그를 보낸 조국을 생각하는 마음이 바로 끝까지 달리게 한 힘이 아니었을까요?

인생을 경주에 비유하며 히브리서 저자는 다음과 같이 이야기합니다.

… 모든 무거운 것과 얽매이기 쉬운 죄를 벗어버리고 인내로써 우리 앞에 당한 경주를 경주하며, 믿음의 주요, 또 온전케 하시는 이인 예수를 바라보자. … 너희가 피곤하여 낙심치 않기 위하여

죄인들의 이같이 자기에게 거역한 일을 참으신 자를 생각하라(히 12:1-2).

오늘도 여전히 피곤한가요? 우리 앞에 달려야 할 트랙이 여전히 고단하게 다가오는가요? 우리보다 앞서 트랙 위에 계셨던 예수님을 바라봅시다. 그리고 그가 달렸던 그 시간의 호흡을 느껴봅시다. 끝까지 달리기 위하여….

행복 방정식

오늘도 행복하셨나요?

영국의 직업심리학자 캐럴 로스웰과 인생 상담사 피트 코언. 이들은 오랜 연구 끝에 행복은 다음과 같은 세 가지 핵심 요소에 의해 결정된다고 이야기합니다.

행복 = P+(5×E)+(3×H)

여기서 P는 인생관, 삶의 적응력과 유연성이고, E는 건강, 돈 인간관계 등 생존 조건이이며, H는 인생의 고차원적 행동, 자존심, 기대, 야망, 유머 등을 의미하는 것입니다.

결국 행복하기 위해선 무엇을 하며 살아야 하는가에 대한 정확한 목표가 있어야 하며, 소유의 많고 적음을 떠나 자신의 상황에 대한 만족이 있어야 하고, 생활 속에 유머를 찾는 여유와 타인과의 관계 속에서 행복을 찾아야 한다는 것이지요.

유난히도 춥고 힘들었던 겨울을 보내고 창밖으로 들어오는 햇살에 봄이 왔음을 느끼면서, 오랜만에 집 정리를 하였습니다. "뭐가 이리 많을까? 이번엔 정리해서 필요한 사람들 나누어 주어야지" 결심하고 정리를 시작하지만, 나중에 보면 다시 제자리로 들어가 있습니다.

"이 청바지는 청소할 때 입어야지", "이 가방은 혹시 여행 갈 때 필요할지 몰라." 꼭 필요한 것이 아닌데도 이런저런 이유를 들어 다시 집어넣고 맙니다. 그러나 이번엔 내가 소유한 물건들에게 해방을 선언하였습니다.

"가라. 네가 꼭 있어야 하는 곳으로 가라." 봄바람을 맞으며 새로운 곳으로 모두 보내 주었습니다. 아름다운 가게에 전화해서 '비싼 것'이라는 이유로, '언젠가는…'

이라는 단서로 내 손에 있어야 할 것 같은 물건들을 모두 놓아 주었습니다.

평생을 가난한 자와 함께 했던 테레사 수녀가 하나님께로 돌아가는 날, 그녀가 남긴 것은 한 벌의 속옷과 한 켤레의 신발과 다 헤어진 겉옷 한 벌이었답니다.

그녀는 평소 양말도 신지 않고 생활했는데, 그것은 다른 사람이 신지 못하는 양말을 자신이 신을 수는 없다는 생각 때문이었습니다.

모든 동물은 자신이 먹는 양은 정확하게 조절한다고 합니다. 사자도 배가 부르면 옆에서 어린 기린이 뛰어놀아도 전혀 관심을 두지 않지요. 사실 돼지도 자신의 먹을 양의 80% 이상은 먹지 않는다고 합니다. 그런데 사람만 120%를 먹는다고 합니다. 많이 먹고, 소화제 먹고, 다이어트를 위해 또 약 먹고.

우리가 필요하다고 생각하는 것의 75%만 있어도 충분히 생활이 여유롭다고 합니다. 지금 내가 가지고 있는 것에 만족할 수 있는 마음, 아니 덜어 내어 나누어 줄 수 있는 유연성, 거기에 행복 방정식의 답이 있는 것 아닐까요?

커피 한 잔의 이야기

"커피 한 잔 하실래요?"

하루를 지내면서 꼭 빼놓지 않고 하는 일이 몇 가지 있습니다. 그중 한 가지는 커피를 마시는 일입니다. 대다수의 사람에게 아침의 커피 한 잔은 하루의 Opening Ceremony가 되어버렸습니다.

17세기 중엽 유럽의 기호 문화 무대에 등장한 커피는 귀족들에게는 상류 사회의 문화적 상징으로, 부르주아 중산 계급들에게는 정신을 맑게 하는 약으로서 각성

제 기능을 담당하는 음료로 자리 잡습니다. 더 나아가 청교도들은 알코올에 빠져 허덕이는 인간에게 보내신 신의 음료로 인식하기도 하지요.

이렇게 세계를 장악하기 시작한 커피는 이제 전 세계 무역량의 2위, 매년 700만 톤 생산, 일 년에 4,000억 잔 소비, 즉 하루에 소비되는 커피 10억 잔, 이렇게 필수적인 일상이 되었습니다. 우리 한국도 1896년 고종 황제가 커피를 마신 이후 커피 소비량 세계 11위의 커피 애호국이 되었습니다.

그런데 이렇듯 쌉쌀하면서도 달콤한 커피 한 잔을 마실 때 우리는 그 안에 담긴 스토리도 함께 마시게 됩니다. 커피 한 잔을 위해 머리 위로 쏟아지는 뙤약볕에서 하루 종일 고된 일을 하는 농부들 그리고 어린이들.

그러나 1파운드의 커피콩을 팔고 농부가 받는 돈은 고작 480원, 커피 한 잔을 10원에 파는 것입니다. 우리가 지불하는 커피 값의 99%는 거대 커피 소매업자, 수출입자, 중간 거래상들에게 지불되고 오직 1%만이 농민들에게 돌아간다는 것이지요.

그래서 커피 재배 농업에 종사하는 50여 개국, 2,000만 명의 사람 중 대부분은 빈곤 상태에 있으며, 이들의 대부분은 어린이입니다.

커피밀Coffeemeal이라는 카페를 만든 목사님과 만나 대화를 나눈 적이 있습니다. 커피밀은 우리가 커피coffee 한 잔을 마실 때, 커피를 재배하는 노동을 한 그 누군가가 밥(meal)을 한 끼 먹는다는 의미입니다. 선교지를 방문하여 커피 농가의 열악한 삶을 보고 돌아온 한 목사님에 의해서 시작된 커피밀은 커피 재배 농민들에게 노동의 정당한 대가를 지불함으로써 그들의 삶에 빵과 복음을 전하는 비즈니스 선교의 모델입니다. 어떤 커피를 마실 것인가 하는 우리의 사소한 선택이 누군가의 밥 한 끼, 더 나아가 복음 전파의 한 가닥 가능성이 된다는 것입니다.

커피가 선교의 이야기이며, 문화의 선택이며, 이웃에 대한 배려의 손길이 되는 것입니다.

강처럼 마음 좋은 사람들

한 사나이가 있었습니다.

그는 하버드대학을 졸업하면서 졸업식장에서 졸업장을 받는 것을 거부하였습니다. 그 이유는 단순하였습니다. 바로 "양가죽은 양에게" 돌려주라는 것입니다. 졸업장을 만들 양피지를 위해서 무고한 양들을 죽이지 말라는 것이었지요. 그는 월든 호숫가에 오두막집을 짓고 살면서 꼭 먹고 살아야 할 만큼의 농사를 짓고, 사용해야 하는 물건들을 직접 만들어 쓰는 삶을 선택합니다.

어느 날 꼭 필요한 만큼의 농사를 짓고 있는 그의 밭에 두더지가 와서 농작물을 마구 파헤쳐 놓을 뿐 아니라, 그의 식량마저도 축내는 일이 발생합니다. 그는 두더지가 다치지 않을 덫을 놓아 잡은 후, 그를 품에 안고 세 시간 동안 걷습니다. 그리고 그를 다른 숲에 놓아주면서 이야기합니다.

"미안하구나. 네가 이사를 가는 방법밖에 다른 길이 없어서…."

사상가이며, 종교가이며, 자연주의자였던 헨리 데이빗 소로우의 일화입니다. 그는 더 나은 삶을 위한다는 명목으로 타자의 생명을 존중할 줄 모르는 현대 문명을 비판합니다. 더 나아가 자연과 더불어 사는 삶이야말로 우주를 발견하는 첫걸음이라고 합니다. 소유와 경쟁에서 자유로워진 시야만이 신을 발견할 수 있는 눈을 지닐 수 있다고 합니다.

EBS 지식 채널에서 김용택 선생님과 섬진강 아이들의 모습을 본 적이 있습니다. 섬진강변을 뛰놀며 맘껏 물속에서 뒹구는 아이들, 호숫가를 거니는 달팽이를 보고 산이 들려주는 메아리를 들으며 사는 아이들의 모습이 참으로 천진난만했습니다. 김용택 선생님이 창우라는 아이에게 묻습니다.

"너는 이다음에 무엇이 되고 싶니?"

창우의 대답입니다.

"강처럼 마음이 좋은 사람이 되고 싶어요."

강처럼 마음이 좋은 사람이 되고 싶은 창우는 시를 잘 씁니다. 창우의 시 한 편입니다.

이제 눈이 안 온다.
여름이니까.

여름이 되면 눈이 안 오는 곳, 우리 아이들이 그런 곳에 살았으면 좋겠습니다.

겨울이 되면 눈이 내리는 곳, 그 자연 속에서 우리 아이들이 당연한 인간의 삶을 배웠으면 합니다.

헤어진 옛 애인처럼 문득문득 보고 싶어지는 추억을 안고 흐르는 강가에서 그리움을 배웠으면 합니다. 찬바람을 품에 안아 꽃을 피워내는 동백꽃 봉우리 속에서 군건함을 배웠으면 합니다. 하늘 모퉁이를 수놓은 별빛을 헤며 미지에 대한 꿈을 꾸었으면 합니다. 그래서 강처럼 마음 좋은 사람들로 행복하게 자랐으면 합니다.

자연은 하나님이 우리에게 주신 최대의 교과서이고 최고의 선생님입니다. 신학자 매튜 팍스Matthew Fox의 이야기처럼 녹색 은총(Green Blessing)입니다. 최고의 교육을 꿈꾸고 있다면 가장 먼저 자연의 목소리를 들어야 할 것입니다. 헨리 데이빗 소로우처럼 월든 호숫가에 집을 짓고 살지는 못하더라도 단 며칠이라도 쏟아지는 별빛 아래 텐트를 치는 일이 필요합니다. 그러기 위해서 꼭 해야 할 한 가지가 있습니다. 그것은 우리 아이들이 맘껏 텐트를 치고 뛰어놀 수 있도록, 지금 우리가 빌려 쓰는 이 땅을 그들에게 자연 그대로 돌려주는 일입니다.

기독교인으로 살아간다는 것

이 글을 쓰고 있는 지금은 6월 6일 현충일입니다. 여느 국경일에 그리하는 것처럼 아침 일찍 일어나 태극기를 달았습니다. 정오가 다 되어 가는 이 시간에 몇백 가구가 사는 아파트임에도 불구하고 태극기를 단 집은 우리 집 한 집뿐입니다. 태극기를 달고 안 다는 것이 그리 중요하겠느냐고 하겠으나, 사실은 중요한 의미를 지닙니다.

기독교 신앙의 중요한 기초는 신앙적 고백과 사회적 실천이 분리되지 않는 것에 있습니다. 십계명을 보면 그러한 정신을 알 수 있습니다. 안식일을 지키는 것도 하나님과의 관계에 대한 고백뿐 아니라 사회적 삶의 원리가 들어 있습니다. 안식일은 아들이나 딸이나, 남종이나 여종이나, 가축이나 문안에 머무는 객이라도 모두 일하지 말라고 합니다. 이러한 종교적 규정은 사회적으로 고용관계에 있거나, 차별 받거나 냉대 받을 수 있는 약자에 대한 보호와 배려의 사회적 역할을 하였습니다. 도둑질 하지 말라는 것은 바로 노동을 신성하게 여겨 일하는 것이 중요하다는 사회적 가치를 역설하는 것입니다. 우리가 남의 물건을 가져오는 것만이 도둑질이 아닙니다. 정당한 노동에는 정당한 대가가 있어야 하며 또한 불로소득을 원하지 않아야 한다는 것을 이야기하는 것입니다.

그렇기에 우리의 기독교 신앙은 본래적으로 공적(Public)인 성격을 지닙니다. 기독교인으로 살아간다는 것은 또한 사회적인 책무와 역할에 소홀히 할 수 없으며 빛과 소금의 역할을 감당하면서 살아간다는 것을 의미하지요.

〈황성옛터〉라는 노래를 들어보신 적이 있으시지요?

황성옛터에 밤이 되니 월색만 고요해.

폐허에 쓰린 회포를 말하여 주노라.

아, 외로운 저 나그네 홀로이 잠 못 이뤄

구슬픈 벌레 소리에 말없이 눈물져요….

가사가 애절하기 이를 데 없습니다. 1930년 초반 우리나라에서 가장 애창되던 노래입니다. 일제 식민지 시대에 희망도 없고 내일도 없는 국민의 입에서 입으로 현실을 한탄하는 노래가 불렸던 것이지요. 때를 맞추어 조선총독부는 정책적으로 마을마다, 골목마다 술집을 세워 우리의 정신과 몸을 모두 혼돈케 하는 정책을 수립합니다.

그때 교회는 무엇을 했을까요?

현실을 딛고 일어나서 오히려 바꾸고 저항하는 힘을 가르칩니다. 임배새에 의해 만들어진 〈금주가〉는 찬송가에 삽입되고, 교회에서는 금주 운동을 벌이기 시작합니다. 이러한 금주 운동은 교리적 차원의 신앙 형태를 넘어서는 사회 개혁적 활동이었습니다.

오늘날 한국 사회에서 기독교인으로 살아간다는 것은 어떤 삶을 의미하는 것일까요?

38선의 분단이 영토와 이념과 마음까지 갈라놓은 지 반세기 이상 계속되고 있습니다. 화해와 소통은 사라지고 갈등과 단절이 우리 사회, 우리 민족을 지배하고 있습니다. 화해와 소통, 평화와 일치. 예수를 따른다고 고백한 이들이 가야 하는 길입니다.

새로운 출발선에서

초등학교 시험에 다음과 같은 문제가 나왔다 하지요.

늘 새롭게 결심하여도 3일을 지키고 못 하는 모습을 무
엇이라 하나요?

"작(　)삼(　)." 괄호 안에 답을 써넣는 것이었습니다.
어떤 아이가 다음과 같은 답을 썼다고 합니다.

작(은)삼(촌)

집에 있는 작은 삼촌이 계획은 세우고 행동은 옮기지 못했나 봅니다.

한 해를 마치고 또 다른 한 해가 시작되는 것은 우리 인생에 있어서 얼마나 큰 축복인지요. 시간의 경계선 앞에서 우리는 새롭게 시작할 계획을 갖고 결심을 할 수 있으니까요. 작가 스테판 폴란은 『8가지만 버리면 인생은 축복』에서 인생의 아주 주요한 방점들을 이야기합니다. 라이프 코치인 그가 30년 넘게 수많은 이를 상담하면서 받은 질문은 궁극적으로 하나였습니다.

"지금보다 행복해지는 방법을 알려주세요."

그는 각기 다른 삶의 자리에 있는 다양한 사람이 던지는 질문의 유사성을 보고 "왜 사람들이 행복하지 않을까?"라는 것을 탐구하여 다음과 같은 결론을 제시합니다.

첫째, 나이 드는 것을 슬퍼하지 말라는 것입니다. 새해를 맞이하면서 한 살 더 드는 것을 고민하기도 하지요? 그러나 시간을 역행할 필요가 없으며, 즐겁게 생각하고 즐겁게 늙어 가면 오늘보다 내일 더 잘 살 수 있다는 것입니다.

둘째, 과거에 대하여 후회하지 말라는 것입니다. 나쁜 기억은 자동 정리하고 용서를 위한 연습을 하라는 것입니다. 과거를 바꿀 수는 없지만, 과거에 대한 우리의 인식은 바꿀 수 있습니다. 상처가 있었다면 이제 아물 일만 남았습니다. 실패로 나락까지 떨어져 갔다면 이제 오를 일만 남은 것은 아닐까요?

셋째, 비교 함정에 빠지지 말고 남이 아닌 자신의 삶에 집중하라는 것입니다. "어떻게 그가 나보다 먼저 승진했을까?", "우리 남편도 다른 남편처럼 자상하면 좋을 텐데!" 등등. 비교하는 습관을 버리고 나에게 집중하라는 것입니다.

넷째, 자격지심을 버리고 스스로 평가 절하하지 말라는 것입니다. 우리는 완벽한 인간이 아니라는 것, 나 자신은 사랑받고 있다는 것을 인정하고 받아들이라는 것입니다. 나 자신이 사랑받을 만한 존재임을 인정하는 것이 모든 일의 출발이 되어야 합니다. 하나님이 우리를 천하보다 귀하게 여기셨다는 것을 늘 고백하면서도 정작 우리는 나를 얼마나 비참한 존재로 인식하고 사는지요?

다섯째, 도움을 청할 줄도 알아야 한다는 것입니다. 자신이 도움을 받아야 하는 상황일 경우라도 부끄러워할 필요는 없습니다. 사랑하는 것도 중요하지만, 사랑받을 줄 아는 것이 더 중요합니다. 도움을 주는 것도 중요하지만, 때론 도움을 비굴하지 않은 모습으로 받을 수 있어야 하는 것입니다.

여섯째, 미루지 말고, 망설이지 말고, 완벽한 타이밍보다 적극적 행동을 선택하라는 것입니다.

일곱째, 최고보다 최선을 선택하라는 것입니다.

마지막으로 오늘을 잘 살아 잘 사는 내일을 만들라는 것입니다. 주어진 조건에서 오늘 최선을 다하는 것이 중요하다는 것입니다.

오늘, 하나님이 주신 새로운 출발선입니다.